Vos desserts préférés
Sans lait ni gluten

**Pour être tenu au courant
de nos publications,
envoyez-nous vos coordonnées à :**
La Plage - Rue du Parc - 34200 Sète
Tél. : 04 67 53 42 25 - Fax : 04 67 53 49 05
edition@laplage.fr
www.laplage.fr

© Éditions La Plage, 2007
ISBN : 978-2-84221-171-4
Conception - PAO : David Cosson - dazibaocom.com
Photogravure : Atelier Six, Montpellier
Imprimé à Barcelone sur les presses de Beta

Vos desserts préférés
Sans lait ni gluten

Alice et Laure Laffont, Jean Pommier, Annie et Philippe Rapaport
Photographies de **Myriam Gauthier-Moreau**

la plage éditeur

Remerciements

Du fond du cœur, un grand merci à tous ceux qui nous ont soutenus, aidés dans la réalisation de ce projet et qui ont entretenu la flamme de notre enthousiasme.

Une attention particulière pour :
Damien pour ton soutien, ton aide et ton enthousiasme, tous nos amis du JDR qui ont joué le jeu et fait preuve d'une merveilleuse imagination, Danièle et Didier pour votre soutien inconditionnel et pour votre entrain devant les nouvelles dégustations, Manou, pour la créativité que tu as ajoutée à la nôtre, en nous prêtant tes œuvres de peinture sur porcelaine, Tof' pour ton travail, tes enseignements et ta patience, Laetitia et Timou pour votre relecture attentive et précieuse, Juliette pour ton élan si communicatif.

Nous tenons aussi à rendre hommage au docteur Seignalet qui n'a pu dédicacer cet ouvrage comme il le souhaitait et grâce à qui nous avons pu cheminer vers la santé.

L'alimentation influence notre santé

Le docteur Jean Seignalet, dans son célèbre livre *L'Alimentation ou la troisième médecine** montre les bienfaits d'une alimentation excluant certaines substances inadaptées à nos capacités digestives. Parmi les aliments incompatibles, on trouve les céréales dont les protéines ont muté : kamut, orge, seigle, blé, maïs..., ainsi que les produits laitiers animaux : crème fraîche, fromage, yaourt, lait, beurre, glaces. Ces substances indigestes, en particulier si l'intestin est en mauvais état, traversent la barrière intestinale et déferlent dans la circulation sanguine, induisant de multiples maux.

De nombreux professionnels de la santé dont l'éminent professeur Henri Joyeux, chirurgien-cancérologue, conseillent quotidiennement à leurs patients ce nouveau mode alimentaire au regard des résultats positifs constatés. Je recommande également dans ma pratique cette alimentation et remarque avec enthousiasme le confort physique et moral que les patients retrouvent après la mise en œuvre de cette méthode.

Cependant, certains problèmes pratiques peuvent entraîner peur et perplexité chez mes patients à l'annonce de ce régime. Ils comprennent fort bien l'intérêt de ce changement nutritionnel, mais un sentiment légitime de panique peut les gagner à l'idée de supprimer pain, pâtes, fromage, lait, yaourts, pâtisserie, biscuits... qui constituaient leur base alimentaire. Ceci entraîne inéluctablement un manque de motivation pour l'application, voire un abandon de la méthode, ce qui est particulièrement dommage.

Ce livre, petit trésor culinaire pour les gourmands, va vous apporter des réponses concrètes et pratiques. Son originalité tient au fait qu'il est extrêmement périlleux de confectionner des desserts sans blé, sans laitages et sans beurre. Et pourtant, cet ouvrage fantastique vous permettra de retrouver les saveurs d'antan que vous pensiez devoir oublier. Conserver le bonheur de manger quelques douceurs de temps à autre s'avère indispensable pour une bonne santé morale. C'est du baume pour le cœur et la tête, une stimulation de sécrétion d'hormones bienfaitrices et apaisantes (sécrétion de sérotonine).

Vous n'allez pas en croire vos papilles !

Laetitia Agullo
Diététicienne Diplômée d'État
et Certifiée en Naturopathie

---

* *L'Alimentation ou la troisième médecine*, Jean Seignalet, Éditions de l'Œil - F.-.X. De Guibert

Sommaire

Les recettes

Introduction

Ayant à faire face à des maladies rares et auto-immunes, nous avons été contraints d'abandonner tout blé, toute céréale contenant du gluten ainsi que tout laitage, que ce soit de vache, de brebis ou de chèvre.

Confrontés nous-mêmes à toutes ces difficultés d'adaptation des recettes traditionnelles, où toujours au moins un ingrédient est « interdit », nous avons voulu mettre notre expérience à la portée de ceux qui traversent le même passage...
Nous avons voulu montrer qu'il est POSSIBLE de bien manger et de se régaler de desserts tous plus appétissants les uns que les autres, même sans blé, ni lait. La frustration du début, au moment de la transition entre le régime alimentaire classique et ce régime plus particulier, fut vite pour nous un aiguillon vers la découverte, la créativité et la réalisation de nos souhaits : pouvoir se régaler, inviter et partager de beaux moments entre amis, ou avec la famille, autour de recettes adaptées et savoureuses !

Enfin et surtout, ce livre est l'occasion de partage avec d'autres qui font face aux mêmes problèmes que nous à nos débuts et de faire connaître au plus grand nombre des ingrédients nouveaux et originaux.
Voilà, c'est enfin chose faite, avec en plus l'enrichissement d'un travail en équipe bien agréable...

En espérant que ce soit la porte vers une créativité toujours plus grande et renouvelée, car rien n'est impossible et les plaisirs sont retrouvés !

Ce livre contient donc des recettes de desserts classiques ou originaux, réalisés sans gluten ou lait animal. Mais au-delà de recettes finalisées, nous avons souhaité ajouter également quelques pistes pour vous aider à mieux appréhender les aliments que nous utilisons. Farine de manioc, farine de riz, lait de riz, crème de coco... autant de produits nouveaux qu'il faut apprendre à connaître !
Vous trouverez donc : un « Guide de substitution », ou « comment réussir vos desserts préférés, sans blé ni lait ». Ce guide vous donne les clés de la substitution des ingrédients traditionnels (farine de blé, beurre...) et décrit chaque ingrédient nouveau, sa provenance, ses apports nutritionnels.

À noter qu'une directive européenne (2003/89/CE, en vigueur depuis novembre 2005 en France) impose aux producteurs de produits alimentaires d'indiquer clairement sur les emballages la présence de certains allergènes, dont le gluten et le lait. Vérifiez donc systématiquement la liste des ingrédients. Si aucune mention n'y figure, vous pouvez y aller ! Faites particulièrement attention au chocolat, qu'il est de plus en plus difficile de trouver sans lait ni gluten.

Guide de substitution

Il est pratiquement toujours possible d'adapter une recette traditionnelle à une version sans gluten, sans produits laitiers, voire sans œufs. Pour ce faire, il y a quelques « trucs » de substitution que nous avons découverts au fil du temps et au fil de nos expériences :

REMPLACER LA FARINE

(de blé, bien sûr !) : c'est l'ingrédient le plus délicat à remplacer, car la farine de froment a une élasticité et une densité assez particulières qui ne se retrouvent pas partout. On lui substitue une multitude de farines, ayant chacune ses caractéristiques propres, selon les usages : pour les sauces ou les recettes utilisant peu de farine (jusqu'à 60 g), comme les génoises, la fécule de pomme de terre est idéale. Veillez à bien la diluer auparavant dans un peu d'eau froide s'il s'agit de l'incorporer dans une préparation liquide, pour éviter les grumeaux. Pour les gâteaux, le mieux est de remplacer soit par de la farine de riz blanc, soit par un mélange de plusieurs farines différentes dont les proportions sont à ajuster selon chaque recette et le goût de chacun (par exemple : fécule de pomme de terre et farine de sarrasin, farine de soja et farine de riz, ou encore farine de quinoa et farine de riz).
Voici les différentes farines que nous utilisons principalement en substitution à la farine de blé. Les proportions restent identiques.

La farine de riz

Blanche ou complète, elle est incontournable ! Seule ou mélangée à d'autres farines pour jouer sur la texture, elle permet d'arriver à d'excellents résultats. La farine de riz blanc est très légère et lève assez mal. Son défaut est d'être plus sèche que la farine de blé. Pour un résultat plus moelleux, la mélanger à de la farine de manioc (foufou) en proportions de 3/4 de farine de riz et 1/4 de farine de manioc.

Le riz

Connu et consommé à l'état sauvage en Chine il y a 5 000 ans, le riz a été et reste dans de nombreux pays asiatiques et africains l'aliment de base. De nos jours, le riz nourrit une personne sur deux dans le monde.
Il s'agit d'une graminée et il en existe plus de 8 000 variétés. On le trouve sous différentes formes. • Le riz brun est un riz décortiqué mais qui garde le son et le germe. • Le riz blanc est un riz dont les graines ont été polies, les enveloppes ainsi que le germe ôtés. • Le riz gluant est un riz à grain long, très riche en amidon, très utilisé en Asie, surtout pour les desserts. La farine de riz s'obtient en broyant les graines de riz (brun pour une farine complète, blanc pour la farine blanche).
Cette céréale est riche en amidon et contient certaines vitamines du groupe B, la vitamine PP et des minéraux tels que phosphore, potassium, magnésium, calcium, zinc et fer. Denrée énergétique, elle est aussi dotée de vertus régulatrices sur le système digestif.
Il est bon de savoir que les traitements influencent sa valeur nutritionnelle. Plus le riz est décortiqué, raffiné, poli et blanc, moins il contient de fibres, de minéraux et de vitamines.

La fécule de pomme de terre

Un autre substitut de base. Très moelleuse et très légère dans les préparations de gâteaux, c'est aussi un excellent épaississant pour les crèmes et les fars. Par contre, les gâteaux préparés avec rassissent vite : ils se mangent donc exclusivement le jour même. Elle ne s'utilise seule que dans les préparations ne nécessitant qu'une petite quantité de farine (crèmes, gâteaux au chocolat, etc.). Il convient souvent de diminuer un peu les proportions de fécule par rapport aux proportions de farine de blé.

La farine de sarrasin

Pour des saveurs un peu plus rustiques. Elle a une texture assez sableuse mais proche de la farine complète de blé. Il vaut mieux l'alléger avec de la farine de riz ou de la fécule de pomme de terre.

Le sarrasin

Bien qu'appelée aussi « blé noir », cette plante n'est pas de la famille du blé, mais de celle de l'oseille et de la rhubarbe. D'origine asiatique, le sarrasin reste un ingrédient important de la cuisine traditionnelle, encore actuellement, en Chine, au Japon et en Russie. Il arrive en France par les croisades et fut particulièrement adopté en Bretagne. Sans gluten, il est riche surtout en phosphore, magnésium (c'est la plus riche des céréales en magnésium), potassium, calcium, en vitamines A, B1, B2 et PP, et en lysine.

La farine de manioc

Aussi appelée foufou : c'est une farine de complément à utiliser en mélange à d'autres farines pour rendre les plats plus moelleux, moins secs ou plus consistants selon l'autre farine associée (farine de riz, farine de sarrasin, fécule, etc.). Ne pas se fier à son odeur particulière à cru : elle disparaît une fois cuite ! À notre connaissance, il n'existe pas encore de farine de manioc biologique, c'est pourquoi nous vous conseillons d'utiliser des farines de fabrication traditionnelle, fermentées dans l'eau et séchées au soleil (par exemple la farine équitable de chez Alter Africa *www.alterafrica.com*) plutôt que les farines industrielles qui peuvent contenir des traces de solvants.

Le manioc

C'est un tubercule provenant d'Amérique du Sud. Il fait partie de la base alimentaire d'un demi-milliard de personnes sur la terre, en Afrique et en Asie. Le manioc comporte plus de 150 variétés qui se répartissent en deux groupes : le manioc doux, aux racines comestibles comme légume, et le manioc amer aux tubercules toxiques pour l'homme à l'état cru. Ces tubercules perdent leur toxicité avec la cuisson et sont utilisés pour faire la farine de manioc. La fécule fine et blanche, extraite elle aussi du tubercule, est à la base du tapioca. Ses feuilles (surtout jeunes) ainsi que ses tiges se consomment aussi et apportent d'intéressants minéraux et protéines ; elles sont en effet plus riches qualitativement que les tubercules, qui sont essentiellement constitués de glucides.

La farine de châtaigne

Rustique et sucrée. Elle convient bien mêlée à d'autres farines, car elle manque un peu de légèreté. L'association avec la farine de riz ou la fécule de pomme de terre donne de très bons résultats. Dans les pâtes sablées, elle apporte une saveur douce.

Farine de sarrasin

La châtaigne

Elle est à la base de la cuisine ancestrale en Corse et dans le sud de la France, tant sous forme de fruit que de farine.

La farine est issue de la châtaigne séchée puis écrasée entre les deux pierres plates d'un moulin. Elle est très riche en minéraux (surtout en potassium, phosphore, magnésium), ainsi qu'en oligo-éléments (iode, fer, cuivre, soufre), en vitamine (C, E, groupe B) et aussi en lysine, acide aminé absent des principales céréales. On lui attribue des propriétés minéralisantes intéressantes.

La farine de quinoa

Son goût est fort et typé ; il est ainsi préférable de la marier à d'autres farines, comme la farine de riz ou la fécule de pomme de terre.

Le quinoa

C'est une plante de la famille des épinards et des betteraves, provenant d'Amérique du Sud. Le quinoa est cultivé depuis 5 000 ans sur les hauts plateaux andins et était une des plantes les plus sacrées des Incas.

Ses graines se cuisinent à la façon du riz (une demi-mesure d'eau pour une mesure de quinoa) et deviennent translucides à la cuisson. Ses feuilles peuvent également être consommées (crues ou cuites à la manière des épinards) mais arrivent rarement dans nos contrées !

Sans gluten, il est riche en protéines végétales, en calcium, phosphore et fer ainsi qu'en vitamines B et E.

La farine de millet

Que l'on aime utiliser par exemple pour réussir de délicieux clafoutis.

Le millet

Sous le nom commun de mil sont désignées diverses variétés, toutes des graminées à petits grains fortement résistantes à la sécheresse. Ainsi, le sorgho (aussi appelé gros mil ou mil à gros grains) et le millet (mil à très petits grains) sont regroupés sous cette même dénomination.

Le millet est une des plus anciennes céréales connues ; il était déjà présent en Chine il y a 5 000 ans, d'abord sous forme sauvage puis cultivée. Il est aujourd'hui une culture vivrière importante en Afrique.

Grillé, écrasé, germé, en farine, en flocons, le millet se consomme sous maintes formes. Sans gluten, très riche en potassium, en phosphore, riche en magnésium et en silice, il contient aussi des vitamines A, B1, B2 et PP. Le millet est aussi préconisé comme protecteur vasculaire, ainsi que comme reminéralisant, stimulant et bénéfique pour le système nerveux.

La maïzena

Aussi intolérants au maïs, nous l'excluons de toutes nos préparations, tout comme les personnes soumises au régime du docteur Seignalet. Elle peut se remplacer très facilement par de la fécule de pomme de terre, en diminuant très légèrement les proportions.

REMPLACER LA LEVURE
La levure chimique

Celle que l'on trouve couramment dans le commerce contient souvent de l'amidon de blé et risque donc de ne pas être exempte de gluten. Le principe actif de la levure chimique est en général un bicarbonate, c'est pourquoi nous la remplaçons systématiquement par du bicarbonate de sodium (aussi appelé bicarbonate de soude au Canada et sel de Vichy en Belgique), que l'on trouve facilement et qui vous fera réaliser des économies. Vous ne verrez aucune différence !

Attention toutefois à ne pas en mettre trop : pour 250 g de farine, une demi-cuillerée à café suffit souvent. Un excès peut donner un goût amer, voire piquant à vos préparations. Une autre option ; vous trouverez en magasin bio des poudres levantes sans gluten et

Farine de manioc

sans phosphates (*Pural*, *Nat'ali*) à base de fermentation de raisin par exemple. On peut les utiliser pour les pains et les gâteaux.

ET LA LEVURE DE BOULANGER ?

Pas besoin de la remplacer ! Elle ne contient naturellement pas de gluten. Par exemple, la levure *Hirondelle* garantit l'absence de gluten et est référencée auprès de l'Association française des intolérants et allergiques au gluten. La levure de boulanger, ou *Saccharomyces cerevisiae*, n'est pas élevée sur de la farine, mais sur un substrat à base de betteraves, car comme toutes les levures, elle se nourrit de sucre. Elle n'entretient qu'un rapport indirect et sans danger pour nous avec le gluten : dans une pâte, la levure se nourrit des sucres de l'amidon de la farine et produit du gaz carbonique. C'est ce gaz qui fait lever le pain. Le rôle du gluten est seulement de donner plus d'élasticité à la pâte, piégeant d'autant mieux le gaz et participant à la régularité des bulles de la mie de pain.

REMPLACER LE LAIT DE VACHE

Le lait de riz, le lait de soja et leur variante soja-riz se substituent tout à fait au lait de vache dans les recettes. Ils sont la base de nos recettes, car très polyvalents. Les autres laits peuvent également apporter des goûts ou des textures intéressantes. Voici en détail comment utiliser tous ces laits.

Le lait de soja

C'est pour nous un incontournable. Sa texture le rapproche le plus du lait de vache. Il s'accommode très bien aux sauces tout comme aux crêpes, aux clafoutis et aux gâteaux ; il est important pour retrouver les textures classiques des flans et des crèmes. Il s'utilise dans les mêmes quantités que le lait de vache. Ne pas hésiter à tester plusieurs marques car le goût varie beaucoup d'une marque à une autre ! Certaines garantissent en outre l'absence d'OGM.

Le soja

C'est une légumineuse, originaire de Mandchourie et cultivée depuis plus de 3 000 ans en Chine, au Japon et en Corée. Il est l'une des plantes les plus utilisées de part le monde sous de très nombreuses formes : huile, farine, lait (les graines sont trempées dans de l'eau, puis le tout est broyé), tofu, yaourt... et pour le bétail, comme fourrage. Il sert à fabriquer des produits variés comme du carburant ou du plastique et sert aussi d'excipient à des médicaments.

Le soja est une grande source de protéines : 36,9 g pour 100 g (en comparaison, la viande de bœuf en contient 20 g pour 100 g). Parmi les légumineuses et les céréales, il est, comme le quinoa, l'un des rares à contenir les huit acides aminés essentiels. Il est riche en vitamines B, E, magnésium, phosphore et potassium. De plus, il contient des phyto-œstrogènes dont on apprécie aujourd'hui les propriétés thérapeutiques.

Crème et lait de soja

Le lait de riz

Il préfère les recettes sucrées et les recettes légères, car c'est un lait moins épais et à la saveur plus sucrée. Il s'utilise dans les mêmes proportions que le lait de vache, en sachant que les préparations seront plus fluides et plus légères.

Nous aimons bien associer les deux (moitié lait de soja et moitié lait de riz), car cela permet d'apporter une plus grande palette de goûts et de combiner leurs textures : la densité du lait de soja et la légèreté du lait de riz.

Le lait de coco

Il est plus lourd que le lait de vache. Sa saveur est fine ; le goût de coco reste perceptible dans les préparations finales. Il a l'avantage d'être très crémeux, ce qui le rend parfait pour les crèmes. Il peut se substituer au lait de vache en quantités égales pour une faible dose ou, pour une grande quantité, en le coupant moitié-moitié avec de l'eau ou du lait de soja, afin d'obtenir une texture moins grasse, plus légère et diminuer la saveur de la noix de coco.

Les autres laits végétaux

tels que les laits d'amandes, de noisettes, s'utilisent aussi en substitut au lait de vache et ce de préférence dans les desserts, surtout les crèmes. Seulement, ils sont plus onéreux et plus difficiles à trouver. C'est pour cela que dans la cuisine quotidienne, nous préférons jouer avec les classiques lait de soja et lait de riz, faciles d'utilisation, de prix abordable et de bonne conservation. Nous gardons généralement ces laits originaux pour les goûters de fête.

Dans les recettes de ce livre, nous proposons des idées d'association de ces laits avec les desserts, mais si vous n'en avez pas, n'hésitez pas à les substituer.

REMPLACER LA CRÈME FRAÎCHE

Le lait de coco et mieux encore la crème de coco

(qui est de l'extrait de noix de coco) la remplace très avantageusement et dans les mêmes proportions. Ils apportent toutefois la saveur coco qui ne se marie pas avec tout.

La crème de soja liquide

Elle remplace aisément la crème fraîche dans les mêmes proportions et se présente souvent sous forme de petite brique de 20 cl. Elle est facile d'utilisation et se conserve très bien. Par contre, une longue ébullition lui convient mal : elle perd alors sa texture crémeuse.

Néanmoins, attention à bien lire la liste des ingrédients, car nombreuses sont celles qui contiennent du blé ou ses dérivés.

Elle peut aussi se remplacer par un yaourt de soja fouetté pour être bien incorporé à la préparation. Il existe aussi de nouvelles crèmes végétales (à l'amande, à la noisette, au quinoa...). Attention à bien lire l'étiquette de composition ! Vu la difficulté d'en trouver sans dérivés de blé ou de maïs, nous avons préféré ne pas en inclure dans les recettes. Vous pouvez cependant tout à fait les utiliser.

REMPLACER LE BEURRE

Généralement, l'huile le remplace très bien, et surtout l'huile d'olive, même (et surtout !) dans les pâtisseries où elle apporte un grand plus au niveau gustatif. Privilégiez les huiles vierges de première pression à froid, et évitez l'arachide.

Le beurre peut aussi se remplacer dans certaines recettes par de la margarine végétale sans protéines de lait ou de dérivés laitiers. On en trouve assez facilement dans les magasins biologiques. Il est absolument nécessaire de lire minutieusement la liste des ingrédients. Nous préférerons largement l'utilisation de l'huile, plus naturelle.

REMPLACER LA CRÈME CHANTILLY

Depuis peu sont apparues dans les magasins biologiques des « bombes » de « crème Chantilly » au soja, ainsi que des briquettes de soja spéciales, destinées à être montées en chantilly au batteur. Le résultat est tout à fait correct. Vérifiez bien avant d'acheter que le produit est exempt de dérivés de blé ou de maïs.

Nous préférons aussi remplacer certains autres aliments par d'autres, qui nous paraissent plus sains.

REMPLACER LE SUCRE BLANC

Il se remplace par du sucre complet non raffiné, comme le rapadura, qui apporte, en plus du goût sucré, des minéraux, des oligo-éléments et, au niveau gustatif, une richesse bien plus grande (certains sucres ont une note réglissée, qui est souvent un plus pour les pâtisseries).

REMPLACER LA GÉLATINE

Elle se remplace par de l'agar-agar, qui en est un substitut végétal à base d'algues. L'agar-agar prend aussi bien que la gélatine et n'a aucun goût. Son utilisation nécessite seulement de le faire bouillir deux à trois minutes pour qu'il prenne en refroidissant. Il se trouve en différents conditionnements ; préférez-le en poudre, plus facile d'utilisation que les filaments. Une cuillerée à café rase représente environ 2 g d'agar-agar.

L'Agar-agar

Est un gélifiant naturel obtenu à partir d'algues marines dont l'algue rouge (comme la Gracilaria) et le carraghénane (Chondrus). Les algues sont d'abord séchées, puis transformées en un mucilage qui, déshydraté, devient l'agar-agar. L'agar-agar est un produit entièrement naturel et végétal, contrairement à la gélatine, qui est fabriquée à partir de sous-produits animaux dont le traitement fait intervenir des opérations chimiques comme le trempage dans l'acide chlorhydrique et le traitement à la soude caustique. Son pouvoir gélifiant est à peu près cinq fois plus grand que celui de la gélatine et il n'apporte aucun goût aux préparations. Seule différence d'utilisation : l'agar-agar doit cuire pour gélifier, alors que la gélatine se dilue seulement. Il est riche en minéraux et vitamines, tels que le calcium, le phosphore et le fer, ainsi qu'en protéines.

Agar-agar, en poudre ou en barre

Où trouver quoi ?

Voici un récapitulatif des points de vente des principaux ingrédients utilisés dans les recettes.

AGAR-AGAR (EN POUDRE) en magasin biologique (en dosettes de 2 g ou sachets de 10 g), en supermarché asiatique (en doses de 25 g).

BICARBONATE DE SODIUM, aussi appelé sel de Vichy en Belgique et bicarbonate de soude au Québec : en pharmacie ou parapharmacie, de plus en plus en grande surface traditionnelle, soit au rayon sucre/préparation de gâteaux/levure, soit au rayon sel.

BOISSON RIZ–AMANDE en magasin biologique, au rayon lait.

CRÈME DE COCO en grande surface asiatique (en briquettes de 25 cl ou grand conditionnement de 1 l).

CRÈME DE SOJA LIQUIDE (vérifier l'absence de dérivés de blé ou de maïs, en briquettes de 20 cl) : en magasin biologique ou en grande surface, au rayon diététique

FARINE DE MANIOC (OU FOUFOU) en grande surface asiatique ou exotique, au rayon farine.

FARINE DE MILLET en magasin biologique, au rayon farine.

FARINE DE SOJA en magasin biologique, au rayon farine.

FARINE DE TAPIOCA en grande surface asiatique, au rayon farine.

FARINE DE QUINOA en magasin biologique, au rayon farine.

FARINE DE RIZ blanche et complète, en magasin biologique, au rayon farine. On a souvent la possibilité de passer commande pour des sacs de 5 kg. blanche seulement : en supermarché asiatique.

FARINE DE SARRASIN (ou « farine de blé noir », bien que ce ne soit pas du blé) en magasin biologique ou grandes surfaces.

FÉCULE DE POMME DE TERRE en magasin biologique ou en grande surface, généralement en petits paquets de 250 g, la plupart du temps, il faut la chercher un peu, car elle est rarement disposée près des farines, mais souvent plutôt avec les liants de sauces. En grande surface asiatique : en conditionnement bien plus grand (1 kg ou 5 kg)

FLOCONS (DE RIZ, DE QUINOA, DE MILLET...) en magasin biologique, soit au rayon farine, soit au rayon céréales du petit-déjeuner.

LAIT D'AMANDES (vérifier l'absence de dérivés de blé et de maïs) en magasin biologique, au rayon lait.

LAIT DE COCO en magasin biologique ou en grande surface traditionnelle, au rayon exotique en grande surface asiatique.

LAIT DE MILLET en magasin biologique, au rayon lait.

LAIT DE RIZ en magasin biologique ou en grande surface au rayon diététique.

LAIT DE SOJA (les laits bio sont garantis sans OGM) en magasin biologique ou en grande surface, rayon diététique.

SEMOULE DE MANIOC (GARI) en supermarché asiatique ou exotique (elle vient d'Afrique).

SEMOULE DE RIZ en magasin bio au rayon farine ou en grande surface au même rayon que la fécule de pomme de terre, le tapioca et les liants pour les sauces.

SUCRE GLACE (attention aux ingrédients utilisés) en grande surface traditionnelle, au rayon sucre ; désormais aussi en magasin biologique, au rayon sucre.

SUCRE ROUX ET SUCRE COMPLET en magasin biologique, où souvent deux ou trois sortes de sucres de canne bruts non raffinés sont vendues en vrac au poids (à conserver dans un bocal) ; en magasin de commerce équitable, qui propose des sucres bruts très parfumés (des Philippines, par exemple), avec des notes réglissées ; en grande surface traditionnelle, au rayon diététique ou équitable, ou encore au rayon sucre.

YAOURTS DE SOJA (bien vérifier la liste des ingrédients) (les yaourts bio sont garantis sans OGM) en magasin biologique ou en grande surface au rayon frais. Ou à faire vous-même (voir page 50).

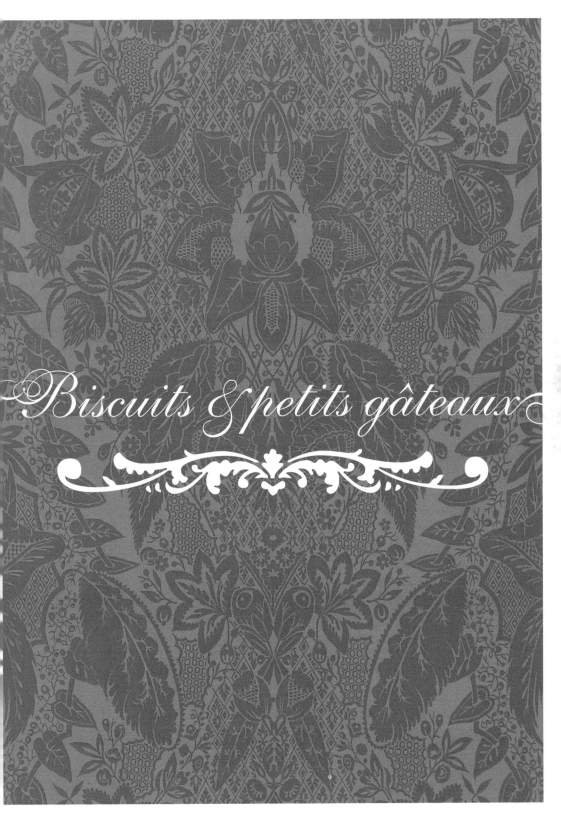

Biscuits & petits gâteaux

Biscuits à l'orientale

Une version librement inspirée des célèbres makrouts orientaux !

Pour une quinzaine de biscuits

80 g de miel, puis 3 cuillerées à soupe de miel

70 g de semoule de manioc (gari)

1 pincée de sel

50 g de farine de riz blanc

20 g de sucre complet

40 à 50 g de pâte de dattes

1,5 cuillerée à soupe d'huile d'olive

1 cuillerée à soupe d'eau de fleur d'oranger

Préchauffer le four à 200 °C (th. 7/8) • Faire fondre 80 g de miel dans une petite casserole à feu très doux • Mélanger dans un saladier la semoule de manioc, la farine de riz, une pincée de sel, le sucre et la pâte de dattes coupée en petits morceaux, puis ajouter le miel fondu, l'huile, l'eau de fleur d'oranger et mélanger le tout • Pétrir avec les mains et rouler la pâte en un gros boudin d'environ 5 cm de diamètre • En couper des tranches de 0,5 cm d'épaisseur environ et les disposer sur une plaque recouverte de papier sulfurisé • Cuire 10 minutes au four • Laisser légèrement refroidir ; pendant ce temps, faire fondre le reste de miel à feu doux • Éteindre le feu puis y plonger chaque biscuit encore chaud : ils doivent être couverts de miel sur les deux faces • Les poser au fur et à mesure sur une grille pour que le surplus de miel s'écoule • Laisser totalement refroidir avant de déguster.

Cookies

Pour varier les plaisirs, remplacez le chocolat et les raisins secs par au choix des noix grossièrement cassées, des noisettes pilées, des noix de macadamia ou encore un mélange de noix de pécan et de pépites de chocolat.

Pour 15 à 20 biscuits

80 g d'huile d'olive

100 g de sucre complet

1 cuillerée à café de vanille liquide

1 pincée de sel

2 œufs

180 g de farine de riz blanc

1/2 cuillerée à café de bicarbonate de sodium

20 g de farine de sarrasin

50 g de raisins secs

40 g de chocolat noir

Préchauffer le four à 170°C (th. 5/6) • Dans un saladier, verser l'huile d'olive, le sucre, la vanille, le sel et les œufs • Bien battre jusqu'à ce que le mélange mousse légèrement • Ajouter d'un seul coup la farine de riz, le bicarbonate et la farine de sarrasin • Mélanger le tout • Diviser la pâte en deux parts égales : à l'une, incorporer les raisins secs, à l'autre, le chocolat coupé en grosses pépites • Disposer sur une plaque recouverte de papier sulfurisé des petites cuillerées de pâte, un peu espacées • Cuire 12 à 15 minutes au four.

Langues-de-chat

*Si vous souhaitez un goût plus méridional, vous pouvez remplacer
la margarine par 30 g d'huile d'olive. Veillez dans ce cas à bien incorporer
les œufs pour que le mélange devienne mousseux ; fouettez si nécessaire.*

Pour 30 à 40 biscuits

60 g de margarine végétale (attention, sans lait !)

60 g de sucre roux

1 pincée de sel

2 œufs

70 g de farine de riz blanc

10 g de farine de manioc

Zeste râpé d'un citron non traité

Préchauffer le four à 180 °C (th. 6) • Travailler la margarine en crème • Ajouter le sucre et le sel • Mélanger • Ajouter les œufs un à un en mélangeant bien • Ajouter les farines et mélanger, puis joindre le zeste râpé de citron • Disposer sur du papier sulfurisé, en petits tas bien espacés • Cuire au four environ 10 minutes • Sortir les langues-de-chat dès que les bords dorent • Ces petits biscuits sont délicieux avec de la glace !

Macarons à la noisette

Des macarons mous, très moelleux, au bon goût de noisettes.

Pour une trentaine de biscuits

150 g de noisettes en poudre

1 pincée de sel

25 g de farine de riz complet

6 blancs d'œufs

80 g de sucre roux

Préchauffer le four à 180 °C (th. 6) • Mélanger dans un saladier les noisettes en poudre, le sel et la farine • Monter les blancs en neige ferme avec une pincée de sel et une pointe de sucre • Ajouter à ces blancs le sucre et battre de nouveau jusqu'à ce que le mélange soit très ferme et brillant (2 à 3 minutes au batteur) : la meringue est prête • L'incorporer délicatement au mélange de noisettes • À l'aide d'une petite cuillère, disposer la pâte en petits dômes sur la plaque du four recouverte de papier sulfurisé • Les faire cuire environ 10 minutes : ils doivent être légèrement brunis.

Muffins

Une recette de base, qui permet de varier les goûts à l'infini : pépites de chocolat et dés de poires, cannelle ou quatre épices pour des muffins exotiques, eau de rose et fleurs de violettes confites, eau florale de lavande et écorces d'agrumes confites pour l'originalité.

Pour 20 muffins

100 g de farine de sarrasin

30 g de farine de riz blanc   270 g de fécule de pomme de terre

Sel   120 g de sucre complet   50 g de pralin   *50g mais*
20 coco

2 œufs   9 cl d'huile d'olive   *200 Kamut*
30 millet

250   17 cl de lait de millet (ou de lait soja/riz)

1 cuillerée à café de vanille liquide

Quelques gouttes d'eau de fleur d'oranger   *rose.*

70 g de chocolat coupé en grosses pépites   10 carrés de chocolat

1 cuillerée à soupe de crème de soja liquide

1 grosse poignée de raisins secs   1 pomme

1 cuillerée à café de bicarbonate de sodium

Préchauffer le four à 200 °C (th. 7) • Dans un premier saladier, mélanger les farines, le bicarbonate, le sel, le sucre, le pralin • Dans un second saladier, mélanger les deux œufs, l'huile, le lait de millet, la vanille liquide et l'eau de fleur d'oranger • Verser le contenu du deuxième saladier dans le premier et remuer vivement mais rapidement (juste le temps d'homogénéiser la pâte) • Diviser ce mélange en deux • Dans une moitié, ajouter les pépites de chocolat et la crème de soja liquide • Disposer dans un moule à muffins, en rajoutant un carré entier de chocolat au centre de chaque muffin • Dans l'autre, ajouter les raisins secs et la pomme coupée en dés • Disposer dans le moule à muffins • Cuire au four 15 à 20 minutes.

Rochers et pépites de noix de coco

Dégustez-les peu après la sortie du four :
ils seront croquants à l'extérieur, fondants à l'intérieur…

Pour une trentaine de rochers

3 blancs d'œufs

175 g de sucre

200 g de noix de coco râpée

Pour une vingtaine de pépites

50 g de sucre roux

100 g de sucre complet

1 cuillerée à soupe rase de miel

125 g de noix de coco en poudre

2 blancs d'œufs

30
> 31

Rochers • Préchauffer le four à 160 °C (th. 5) • Mettre dans une casserole à fond arrondi les blancs d'œufs et le sucre • Porter sur feu doux en battant rapidement au fouet jusqu'à ce que le mélange mousseux soit très chaud, mais non bouillant (80 °C) • Ôter du feu et continuer à battre jusqu'à refroidissement • Ajouter la noix de coco, mélanger • Modeler des boules et les poser sur la plaque du four recouverte de papier sulfurisé • Mettre au four 12 à 15 minutes sans laisser prendre couleur.

Pépites • Préchauffer le four à 175 °C (th. 6) • Verser les deux sucres et le miel dans une casserole et faire fondre à feu doux jusqu'à obtenir un début de caramel • Hors du feu, ajouter la noix de coco et mélanger vivement (avant que le caramel ne durcisse) • Monter les blancs en neige ferme et les incorporer au mélange • Sur une plaque allant au four et recouverte de papier sulfurisé, former des petits dômes de pâte, en veillant à les laisser assez espacés entre eux • Mettre au four pendant 15 minutes • Les pépites sont prêtes quand elles deviennent bien blondes (légèrement caramélisées).

Maylissettes

Biscuits au choix croquants ou moelleux selon la cuisson.

Pour une douzaine de biscuits

125 g d'amandes en poudre

60 g de noix de coco râpée

60 g de sucre complet

1 œuf

Préchauffer le four à 170-180 °C (th. 6) • Mélanger les amandes en poudre, la noix de coco et le sucre • Ajouter l'œuf et travailler comme une pâte à tarte • Former une boule • Façonner les biscuits dans la forme souhaitée • Faire cuire au four 10 minutes pour des biscuits moelleux, plus longtemps pour qu'ils soient plus croquants.

Crèmes & entremets

Bavarois coco-poire

Très crémeux et d'une saveur exotique,
ce bavarois peut aussi se réaliser avec des mangues, des myrtilles…

Pour 4 personnes

4 blancs d'œufs

85 g de sucre roux

4 poires au sirop (ou bien fraîches, à faire cuire au sirop pendant 10 minutes)

200 g de lait de coco

2 cuillerées à soupe d'alcool de poire (facultatif)

2 g d'agar-agar

3 poires au sirop supplémentaires pour la décoration

Battre les blancs d'œufs en neige ferme avec une pincée de sel et une pointe de sucre • Dans une casserole, mettre le sucre avec 2 cuillerées à soupe d'eau • Porter à ébullition ; lorsque le sirop fait de grosses bulles, le verser sur les blancs tout en continuant de les battre • Laisser refroidir en battant de temps en temps • Pendant ce temps, mixer les poires • Ajouter le lait de coco ainsi que l'alcool de poire (facultatif) • Prélever un peu de cette préparation dans une casserole, y mélanger l'agar-agar et porter à ébullition quelques minutes • Réintégrer ce mélange dans la masse en mixant le tout • Ajouter les blancs refroidis • Mettre dans des moules individuels et laisser au réfrigérateur pendant 4 heures • Servir démoulé sur les assiettes.

Variantes

• On peut le servir accompagné d'un coulis de chocolat chaud.
• Pour un dessert plus léger, vous pouvez utiliser seulement 90 g de lait de coco en y ajoutant 110 g de crème de soja liquide.

Charlotte à la poire

Dessert de toute saison, la charlotte
a le grand avantage de pouvoir se préparer à l'avance.

Biscuit pour 8 personnes

4 œufs   90 g de sucre roux

100 g de fécule de pomme de terre

1/3 de cuillerée à café de bicarbonate de sodium

Crème

1 l de lait de coco   1 gousse de vanille

4 g d'agar-agar en poudre   5 jaunes d'œufs

125 g de sucre roux

1 boite 4/4 de poires au sirop (ou 3 grosses poires cuites au sirop pendant 10 min)

Biscuit roulé • Préchauffer le four à 180 °C (th. 6) • Battre les blancs d'œufs en neige avec une pincée de sel et une pointe de sucre • Battre les jaunes d'œufs et le sucre jusqu'à ce qu'ils blanchissent • Ajouter avec précaution les blancs montés, la fécule et le bicarbonate • Verser sur la plaque du four recouverte de papier sulfurisé • Cuire au four pendant 10 minutes • À la sortie du four, rouler le biscuit • Laisser refroidir puis le couper en fines tranches • Tapisser le moule à charlotte de cellophane pour faciliter le démoulage • Dans une assiette creuse, verser 1/2 verre du sirop de poire • Disposer les tranches de biscuit le long du moule à charlotte en les imbibant préalablement du sirop de poire.

Crème • Dans une petite quantité de lait de coco diluer l'agar-agar, puis mélanger le tout dans la totalité du lait • Faire bouillir 2 minutes avec la gousse de vanille • Battre les jaunes d'œufs avec le sucre jusqu'à ce qu'ils blanchissent • Verser dessus progressivement le lait de coco bouillant tout en continuant à fouetter • Remettre le mélange sur feu doux et arrêter la cuisson dès qu'il commence à épaissir • Laisser refroidir • Couper les poires en petits morceaux • Lorsque le mélange a refroidi, ajouter les poires, puis verser dans le moule tapissé de biscuit • Mettre au réfrigérateur pendant au moins 6 heures • Démouler sur le plat de service et décorer • Servir très frais.

Flan au caramel

Proposé à base de boisson riz-amande pour son goût,
ce flan est aussi parfait avec du lait de soja :
on a alors exactement la texture du flan au lait de vache.

Pour 4 à 6 personnes

100 g de sucre roux

1/2 l de boisson riz-amande

1 paquet de sucre vanillé

1 gousse de vanille

4 œufs

1 pincée de sel

Préchauffer le four à 180 °C (th. 6) • Préparer le caramel : faire fondre 60 g de sucre avec 2 cuillerées à soupe d'eau et laisser cuire à feu doux tout en remuant jusqu'à ce que le caramel soit fait • Répartir le caramel dans des ramequins individuels • Dans une casserole, faire chauffer la boisson riz-amande avec le sucre vanillé et la gousse de vanille ouverte en deux • Pendant ce temps, battre les œufs avec le reste de sucre et la pincée de sel jusqu'à obtenir un mélange mousseux • En continuant de battre, verser peu à peu le liquide chaud sur les œufs • Répartir dans les ramequins • Disposer les ramequins dans un plat allant au four • Verser de l'eau chaude dans le plat jusqu'aux deux-tiers des ramequins, pour faire un bain-marie • Cuire ainsi au four 20 à 25 minutes • Laisser refroidir avant de démouler et de servir.

Comme une marquise

Une recette ultrasimple pour les amoureux du chocolat.

Pour 3 personnes

100 g de chocolat noir corsé

1 yaourt de soja nature (maison !)

1 pincée de poivre

1 jaune d'œuf

Faire fondre le chocolat à feu doux avec une cuillerée à soupe d'eau • Dans un saladier, verser le yaourt de soja et le poivre • Incorporer le chocolat fondu en fouettant bien le tout jusqu'à totale incorporation • Ajouter le jaune d'œuf en fouettant à nouveau • Verser dans de petits ramequins individuels • Mettre au réfrigérateur au minimum une demi-journée, dans l'idéal une nuit.

Variantes

• La crème peut se manger telle quelle, sans passer par le réfrigérateur. Dans ce cas, on a une crème au chocolat corsée, à déguster nature pour les gourmands, ou à utiliser en remplacement d'une crème au beurre chocolatée dans divers gâteaux.

• On peut ajouter une cuillerée de café fort, pour ceux qui aiment l'arôme du café.

• On peut remplacer le yaourt par de la crème de coco ou de la crème de soja liquide, pour obtenir un goût moins acidulé et plus doux.

Crème anglaise

*Avec ce mélange de lait de soja et de riz, vous retrouverez
la saveur de la crème anglaise traditionnelle.
N'hésitez pas à essayer différentes marques de laits
car les goûts varient parfois beaucoup.*

Pour 1 litre de crème, soit 4 à 6 personnes

1/2 l de lait de soja

1/2 l de lait de riz

7 à 8 jaunes d'œufs

1 pincée de sel

50 g de sucre roux

2 sachets de sucre vanillé

Faire chauffer les laits • Battre les jaunes d'œufs avec le sucre, la pincée de sel et le sucre vanillé jusqu'à ce que le mélange blanchisse • Verser petit à petit le lait bouillant sur les jaunes en remuant • Remettre sur feu doux en remuant sans cesse avec une cuillère en bois surtout sans laisser bouillir • Lorsque la crème nappe la cuillère, elle est terminée ; il faut immédiatement arrêter le feu • Laisser refroidir en remuant de temps en temps pour éviter la formation d'une peau.

Remarque

• Si l'on craint que la crème ne tourne en la faisant trop chauffer, on peut ajouter au mélange jaunes d'œufs/ sucre une petite cuillerée à café rase de fécule de pomme de terre ou de farine de riz blanc.

Crème brûlée

Texture fondante pour ce dessert. Les deux crèmes s'allient et s'équilibrent, le soja apportant la texture et le coco onctuosité et saveur.

Pour 3 à 4 personnes

6 jaunes d'œufs

1 pincée de sel

60 g de sucre roux

1 sachet de sucre vanillé

25 cl de crème de soja liquide

25 cl de crème de coco

Préchauffer le four à 100 °C (th. 2-3) • Battre les jaunes d'œufs avec le sel, le sucre et le sucre vanillé jusqu'à ce que le mélange blanchisse • Incorporer les crèmes de soja et de coco • Bien mélanger • Verser dans des ramequins individuels ou bien dans un plat familial et mettre au four pendant 30 minutes • Quand la crème est cuite, saupoudrer d'un peu de sucre et passer quelques minutes au grill • Cela va former une petite couche caramélisée, croquante, qui met en valeur le fondant de la crème.

Astuce

• Si vous n'avez plus de crème de coco, prenez une boîte de lait de coco, placez-la deux heures au réfrigérateur, et prélevez alors la partie figée en y ajoutant deux cuillerées à soupe du liquide.

Entremets coco

Une recette, deux desserts, et des ingrédients très faciles à trouver !

Pour 3 personnes

20 cl de lait de coco

1 pincée de sel

1 cuillerée à café de vanille liquide

40 g de sucre complet

3 œufs

Verser dans un saladier le lait de coco, le sel, la vanille liquide et le sucre • Ajouter les œufs et bien mélanger • Verser le tout dans des ramequins individuels ou dans un plat familial • Ensuite vous avez le choix : **Pour réaliser un flan coco** • Cuire au four à 180 °C (th. 6) pendant 20 minutes • L'entremet va alors prendre une consistance proche d'un flan • Servir froid. **Pour réaliser une crème coco** • Mettre directement au réfrigérateur 2 ou 3 heures au minimum • Vous aurez alors une crème à servir fraîche avec des petits biscuits.

Variante

• Ajoutez à la préparation une ou deux bananes écrasées bien mûres.

Clafoutis

Léger, le clafoutis s'apprivoise de multiples manières :
aux pommes, aux cerises, avec des prunes, ou d'autres fruits.

Pour 6 à 8 personnes

25 g de farine de millet

4 œufs

45 g de miel liquide (par exemple d'acacia)

450 g de lait de soja

600 à 700 g de cerises ou de petites prunes selon la saison

Préchauffer le four à 200 °C (th. 6/7) • Mélanger la farine de millet avec un œuf et le miel liquide pour obtenir une pâte homogène et sans grumeaux • Ajouter les autres œufs un à un • Ajouter petit à petit le lait de soja en remuant • Huiler un plat à gratin • Y déposer les cerises lavées et équeutées mais non dénoyautées • Verser la pâte par-dessus et enfourner au four pendant 40 minutes environ • Sortir du four lorsque le dessus est doré et que la lame d'un couteau ressort sèche.

Remarque

• Vous pouvez prendre un miel plus dur : dans ce cas, le tiédir avec le lait de soja pour le rendre liquide avant de rajouter le lait à la pâte.

Variantes

• Ajoutez 50 à 100 g d'amandes en poudre et un peu d'arôme d'amande amère.
• Parsemez le clafoutis d'amandes effilées.
• Remplacez la farine de millet par de la farine de riz.

Yaourts maison

N'hésitez pas à créer vos propres saveurs en variant les ingrédients !

Pour environ 9 pots de yaourts en verre

1 l de lait de soja

1 yaourt de soja nature

Idées de yaourts parfumés

raisins, kumquats confits, écorces d'oranges

et de citrons confits, fruits confits variés, gingembre confit,

arbouses séchées, prunes chinoises séchées, noix de coco râpée,

amandes en poudre, noisettes en poudre, graines de tournesol,

graines de nigelle, cannelle, miel, sucre complet,

extrait de vanille, essence d'oranger, de mandarine, de citron…

Préparation avec yaourtière • Verser le yaourt dans une casserole et fouetter afin d'obtenir un mélange homogène • Ajouter petit à petit le lait de soja sans cesser de fouetter • Le mélange obtenu sera sans doute mousseux • Pour enlever la mousse, verser quelques petits morceaux de noix de coco râpée • Pour des yaourts nature, verser la préparation dans les pots de yaourts en verre, les disposer dans la yaourtière et la déclencher • Pour des yaourts parfumés, mélanger les ingrédients aromatiques dans le lait, ou directement dans les pots en verre pour faire plusieurs parfums simultanément • Disposer alors dans la yaourtière et la déclencher • Les yaourts seront prêts 6 heures plus tard • Les conserver ensuite au réfrigérateur.

Préparation sans yaourtière • Verser le yaourt de soja dans une casserole ainsi que le lait de soja tout en fouettant pour que le mélange soit homogène • Mettre à feu doux et laisser chauffer jusqu'à 40°C (le liquide est chaud au doigt mais pas brûlant) • Remplir les pots de yaourts en verre et les parfumer selon les goûts • Les fermer avec leur couvercle ou du film étirable • Les disposer dans un grand récipient en plastique muni d'un couvercle hermétique • Remplir ce récipient d'eau très chaude (au robinet le plus chaud possible) jusqu'au col des yaourts • Fermer le récipient en plastique et le glisser dans un sac isotherme • Laisser prendre entre 6 et 8 heures • Les conserver ensuite au réfrigérateur.

Semoule de riz

Une recette de notre grand-mère ; nous adorons son alliance rhum-eau de fleur d'oranger.
Mais avec seulement de l'eau de fleur d'oranger pour aromatiser la semoule, elle est aussi parfaite !

Pour 4 à 6 personnes

1 l de lait de soja

25 cl de lait de riz   70 g de sucre complet

2 sachets de sucre vanillé

1 pincée de sel   1 cuillerée à soupe de rhum

1 cuillerée à soupe d'eau de fleur d'oranger

200 g de semoule de riz

3 poignées de raisins secs   1 œuf

Caramel

2 cuillerées à soupe de sucre roux

1 cuillerée à café d'eau

Faire chauffer dans une grande casserole le lait de soja, le lait de riz, le sucre complet et le sucre vanillé, le sel, le rhum et l'eau de fleur d'oranger jusqu'à totale dissolution du sucre • Aux tout premiers frémissements, verser la semoule de riz en pluie et mélanger rapidement • Continuer de remuer constamment jusqu'à épaississement • Sortir du feu • Rajouter les raisins secs puis l'œuf en mélangeant vivement • Dans un moule allant au four, préparer un caramel : faire fondre sur feu doux les 2 cuillerées de sucre avec l'eau jusqu'à obtention du caramel • Verser la semoule dans le moule et passer quelques minutes au grill jusqu'à ce qu'elle soit bien dorée • Servir tiède ou froid.

Remarque

• On peut diminuer la quantité de semoule à 150 g si l'on préfère une semoule plus légère ; dans ce cas, utilisez des ramequins individuels et servez directement.

Crêpes & gaufres

Blinis caramélisés au chocolat fondant

Pour un dessert gourmand, servir les blinis
avec une boule de glace à la vanille et un chocolat chaud fondant.

Pour une douzaine de blinis

160 g de farine de riz blanc

30 g de farine de châtaigne

20 g de farine de quinoa

25 cl de boisson riz-amande

40 g de levure fraîche ou 1 cuillerée à café de levure de boulanger déshydratée

50 g de sucre roux   sel

2 œufs

2 cuillerées à soupe d'huile d'olive

zeste râpé d'un citron non traité

1 cuillerée à café d'eau de rose

60 g de chocolat noir

Mélanger toutes les farines • Faire tiédir la boisson riz-amande • Préparer le levain : prélever 2 cuillerées à soupe du mélange de farines plus 10 g de sucre et les mettre dans un bol • Y émietter la levure, ajouter la boisson tiède • Mélanger et laisser reposer jusqu'à ce que l'appareil mousse
• Incorporer aux farines le reste du sucre, le sel, les œufs, l'huile d'olive, le zeste râpé de citron et l'eau de rose • Incorporer le levain aux ingrédients secs •

Mélanger • Laisser reposer 1 heure près d'une source de chaleur douce pour que la pâte lève bien • Incorporer à la pâte le chocolat coupé en grosses pépites • Huiler légèrement une petite poêle (15 cm de diamètre) • La faire préchauffer • Saupoudrer légèrement la poêle chaude de sucre roux ; verser une louche de pâte • Faire cuire le blinis sur les deux faces • Entre deux blinis, nettoyer la poêle avec un essuie-tout enduit d'huile • Manger chaud !

Crêpes à la châtaigne

Des crêpes légères et typées grâce à l'association des farines de riz et de châtaigne.

Pour une dizaine de crêpes

120 g de farine de châtaigne

100 g de farine de riz blanc

1 grosse pincée de sel

2 œufs

Eau (au minimum 1/2 l)

Dans un saladier, mélanger les farines et le sel, puis former un puits au centre • Dans le creux, casser les œufs • Commencer à mélanger doucement la partie centrale puis en continuant de tourner, intégrer peu à peu la farine sur les bords • Quand la pâte devient trop épaisse, diluer avec de l'eau • Continuer ainsi jusqu'à avoir mélangé toute la farine et versé au moins un demi-litre d'eau • La pâte doit être très liquide • Plus la pâte est liquide, plus les crêpes seront fines • Laisser reposer au moins 1/2 heure • Cuire les crêpes dans une crêpière légèrement huilée • Pour cela, utiliser un papier essuie-tout imbibé d'huile d'olive et le passer entre chaque crêpe sur la poêle • Cela permet de nettoyer la poêle et de la huiler légèrement pour la crêpe suivante • Sucrer selon les goûts et servir chaud au sortir de la poêle.

Crêpes de la Chandeleur

Crêpes de fête très parfumées ; tout le monde les adore !
La farine de manioc apporte la texture et celle de riz la légèreté.

Pour une douzaine de crêpes

150 g de farine de riz blanc

100 g de farine de manioc (foufou)

1 grosse pincée de sel

3 œufs

1/2 à 3/4 l d'eau

1 cuillerée à soupe d'eau de fleur d'oranger

Zeste râpé d'une orange non traitée (ou de deux mandarines)

Zeste râpé d'un citron non traité

Mélanger les deux farines avec le sel et former un puits au centre • Dans le creux, casser les œufs • Commencer à mélanger doucement la partie centrale puis en continuant de tourner, intégrer peu à peu la farine sur les bords • Quand la pâte devient trop épaisse, diluer petit à petit avec de l'eau • Continuer ainsi jusqu'à avoir mélangé toute la farine et versé au moins 1/2 l d'eau • Parfumer avec l'eau de fleur d'oranger et les zestes râpés • Laisser reposer au moins 1/2 heure • Mélanger la pâte et rajouter de l'eau si nécessaire • La pâte doit être liquide • Faire les crêpes dans une crêpière légèrement huilée avec assez peu de pâte pour que les crêpes soient fines • Sucrer légèrement avant de les rouler.

Conseil

• Faire cuire une crêpe puis la goûter : rectifier les parfums si nécessaire (rajouter du sel ou des zestes râpés par exemple), rallonger la pâte avec de l'eau si la crêpe est trop épaisse.

Variantes

• D'autres parfums s'accordent bien avec cette pâte à crêpes comme : les zestes râpés de pamplemousse l'eau florale de lavande.

Gaufres

Retrouvez les saveurs de votre enfance avec cette recette légère !

Pour 10 gaufres

150 g de farine de riz blanc

60 g de farine de manioc (foufou)

1 sachet de sucre vanillé

1 cuillerée à soupe rase de sucre complet ou de sucre roux

1/2 cuillerée à café de bicarbonate de sodium

4 pincées de sel

2 œufs

50 g d'huile

190 g de lait de soja

1 cuillerée à soupe de fleur d'oranger

Mélanger dans un saladier les farines, les sucres, le bicarbonate et le sel • Faire un puits et y casser les œufs • Ajouter l'huile • Remuer en ajoutant progressivement le lait pour obtenir une pâte un peu plus épaisse qu'une pâte à crêpes • Ajouter l'eau de fleur d'oranger et mélanger • Laisser reposer 1/2 heure • Verser dans le moule à gaufre la quantité nécessaire pour une gaufre • Cuire environ 3 minutes • À déguster chaud de préférence avec du sucre glace (attention, à choisir sans gluten !), une pâte chocolatée, du chocolat chaud ou de la confiture.

Variantes

• On peut préparer ces gaufres avec moitié lait de riz, moitié lait de soja.

• Pour des gaufres plus épaisses et plus moelleuses, remplacez le bicarbonate de sodium par un demi-sachet de levure de boulanger.

Gâteaux

Cake aux figues

À la place de la confiture de figues,
vous pouvez utiliser des figues sèches coupées en dés dans les mêmes proportions.

Pour 6 personnes

3 œufs   1 grosse pincée de sel

100 g de farine de riz blanc

40 g de farine de manioc

20 g de farine de sarrasin

3/4 de cuillerée à café de bicarbonate de sodium

25 g d'amandes en poudre

100 g de noisettes en poudre

2 cuillerées à soupe de crème de soja liquide

20 g d'écorces d'oranges confites

80 g de raisins secs

250 g de confiture de figues

Préchauffer le four à 180 °C (th. 6) • Fouetter les œufs avec le sel jusqu'à ce que le mélange devienne bien mousseux • Ajouter les farines, le bicarbonate, les poudres de fruits secs et la crème de soja liquide • Mélanger • Ajouter alors les écorces d'oranges confites coupées en petits dés, les raisins secs et la confiture de figues • Mélanger • Verser dans un moule à cake garni de papier sulfurisé et cuire environ 40 minutes au four • Le cake est cuit quand la pointe d'un couteau ressort sèche.

Automnale de fruits rouges

Un gâteau au yaourt original grâce à la farine de châtaigne !
Pour un gâteau classique, utilisez plutôt de la farine de riz complet en même quantité.

Pour 6 personnes

1 yaourt nature au soja (voir la recette page 50)

1,5 pot de sucre complet

1 pot de farine de manioc (foufou)

1/2 pot de farine de châtaigne

1,5 pot de fécule de pomme de terre

1/2 pot d'huile d'olive

1 pincée de sel   2 œufs

1 pincée de bicarbonate de sodium

2 poignées de framboises

1 poignée de myrtilles

Préchauffer le four à 180 °C (th. 6) • Verser dans un saladier le yaourt, puis se servir du pot comme mesure • Verser alors dans le saladier le sucre, les farines, l'huile d'olive, le sel, le bicarbonate et les œufs • Bien mélanger jusqu'à obtenir une pâte homogène et lisse • Rajouter les fruits • Verser dans un moule à manqué de 20 cm de diamètre recouvert de papier sulfurisé et mettre au four • Cuire 30 minutes • Le gâteau cuit devient doré et la lame d'un couteau ressort légèrement humide, mais sans pâte collée.

Remarque

• Les framboises et myrtilles surgelées conviennent parfaitement à cette préparation. Mettez-les directement dans la pâte sans les décongeler.

• Vous pouvez aussi présenter ce gâteau en moules individuels. Réduire alors le temps de cuisson en conséquence.

Baba au rhum

Préparez ces babas un ou deux jours à l'avance, ils n'en seront que meilleurs.

Pour 6 à 8 babas individuels

40 g de margarine végétale (attention, sans lait !)

125 g de farine de riz blanc

10 cl de crème de soja liquide

2 œufs   25 g de sucre complet

3/4 de cuillerée à café de bicarbonate de sodium

1 pincée de sel

Sirop

20 cl d'eau   20 cl de rhum   150 g de sucre

Préchauffer le four à 200 °C (th. 7) • Faire fondre la margarine à feu doux • Dans un saladier, travailler tous les ingrédients ensemble jusqu'à obtenir une pâte lisse et homogène • En déposer une grosse cuillerée à soupe dans chacun des moules individuels auparavant enduits d'un peu de margarine • Cuire au four 30 à 40 minutes jusqu'à ce qu'ils deviennent bien dorés • Pendant la cuisson, préparer le sirop au rhum en versant dans une casserole l'eau, le sucre et le rhum • Faire chauffer à feu doux et arrêter avant l'ébullition • À la sortie du four, arroser les babas encore très chauds de sirop, sans les démouler • Ils vont gonfler et absorber le sirop au rhum • Attendre qu'ils se soient imprégnés et continuer de verser le sirop • Les imprégner jusqu'à ce qu'ils n'absorbent plus de sirop • Laisser les babas dans leur moule et dans leur sirop de rhum jusqu'au moment de servir.

Remarque

• Pour des babas à la structure un peu plus alvéolée, on peut remplacer le bicarbonate par de la levure de boulanger. Dans ce cas, un demi-sachet de levure de boulanger sèche conviendra parfaitement pour les mêmes quantités. Délayez-la avec une cuillerée de sucre et une cuillerée de farine (prélevée sur la quantité totale) dans une cuillerée à soupe de lait de soja tiède et attendez que le mélange mousse avant de l'incorporer. Puis laissez la pâte reposer une demi-heure avant de mettre au four.

Brioche

Bonne nouvelle : la levure de boulanger ne contient pas de gluten !
Voilà donc une brioche classique, où la farine de manioc
apporte la tenue et la farine de riz le moelleux.

Pour 6 personnes

- 5 cl d'eau
- 1 sachet de thé à la bergamote
- 150 g de farine de riz blanc
- 100 g de farine de manioc (foufou)
- 1 cuillerée à café de levure sèche de boulanger
- 80 g + 1 cuillerée à soupe de sucre complet
- 1 pincée de sel
- 40 g d'huile d'olive
- 2 œufs
- 1 cuillerée à soupe d'eau de fleur d'oranger
- 1 poignée de raisins secs
- 1 cuillerée à soupe de crème de soja liquide

Faire chauffer 5 cl d'eau puis laisser infuser le sachet de thé à la bergamote pendant 5 minutes • Penser à presser de temps en temps le sachet pour qu'il exhale le maximum de parfum • Mélanger intimement les farines dans un saladier • Préparer le levain : dans un bol, verser une cuillerée à soupe du mélange de farines et ajouter la levure, ainsi qu'une cuillerée à soupe de sucre • Verser l'eau tiède parfumée à la bergamote, remuer et attendre que le mélange mousse • Conserver le sachet de thé à part • Aux farines, ajouter le sucre, le sel et l'huile puis mélanger • Y incorporer les œufs un à un • Ajouter l'eau de fleur d'oranger • Imbiber le sachet de thé d'eau tiède et le presser au-dessus du saladier • Répéter quatre fois cette opération trempage/pressage • Ajouter alors le levain et mélanger • Pour finir, incorporer les raisins secs et la cuillerée de crème de soja liquide • Couvrir le récipient d'un film plastique transparent auparavant huilé et laisser la pâte monter à proximité d'une source de chaleur pendant 1 heure environ (jusqu'à ce qu'elle ait doublé de volume) • Mélanger et verser la pâte dans un moule à brioche de 20 cm de diamètre recouvert de papier sulfurisé • Laisser à nouveau monter 1/2 heure dans un endroit légèrement chaud, pendant que le four préchauffe à 180-200 °C (th. 6/7) • Cuire au four 35 minutes environ • La brioche est cuite lorsque la pointe du couteau plongée dedans ressort sèche • Elle peut se déguster chaude, tiède ou froide.

Crumble

Chaque fois délicieux, chaque fois différent selon les fruits que vous utiliserez.

Garniture pour 6 personnes

4 ou 5 pommes   4 poires   5 ou 6 pruneaux   Quelques groseilles

1 poignée de raisins secs ou 1 petite grappe de raisins frais

Cannelle en poudre

Pâte

100 g de farine de sarrasin

40 g de farine de riz blanc

30 g de sucre complet   25 g de semoule de manioc

60 g d'huile (de noisette si possible)

1 petite poignée de noisettes grossièrement coupées

50 g d'amandes effilées

Préchauffer le four à 210 °C (th. 7) • Éplucher et couper les fruits en gros morceaux • Mettez-les pêle-mêle dans un plat à four. Saupoudrer de cannelle • Mélanger les farines, le sucre et la semoule de manioc, ajouter la matière grasse et travailler du bout des doigts très grossièrement • Incorporer les amandes et les noisettes, remuer rapidement • Ajouter environ 1/2 verre d'eau et mélanger à nouveau du bout des doigts pour obtenir un amalgame grumeleux • Parsemer ce mélange sur les fruits et enfourner 40 minutes • Déguster chaud ou tiède, éventuellement accompagné d'une glace à la vanille ou d'une crème anglaise.

Variante

• Si vous manquez de noisettes ou de semoule de manioc, remplacez-les par la même quantité d'amandes.

Fondant au chocolat

Coulant au centre, il fera le bonheur des amateurs de chocolat…

Pour 4 petits moules en céramique de 8 cm de diamètre

100 g de chocolat

2 œufs

75 g de sucre roux

35 g de farine de riz blanc

60 g d'huile de pépins de raisin (ou d'olive)

Préchauffer le four à 210 °C (th. 7) • Couper des morceaux de papier sulfurisé de la taille du fond des moules • Les y placer, puis enduire d'huile les côtés et le fond des moules • Au bain-marie, faire fondre le chocolat • Séparer les blancs d'œufs des jaunes • Réserver les blancs dans un récipient à part • Fouetter les jaunes d'œufs avec le sucre jusqu'à ce qu'ils blanchissent et doublent de volume • Ajouter la farine puis le chocolat fondu et l'huile • Battre les blancs d'œufs en neige bien ferme avec une pincée de sel et une pointe de sucre et les incorporer au mélange • Répartir dans les moules • Mettre à four chaud pendant 10 minutes (pas plus !) • Ces gâteaux sont délicieux chauds, mais peuvent être dégustés froids.

Remarque

• Le temps de cuisson exact dépend fortement du four utilisé. Le but est d'obtenir un gâteau dont le centre reste coulant.

Gâteau à l'orange

Alliance subtile de l'orange et de la noisette, originalité des flocons de riz…
Laissez reposer deux à trois heures avant de servir, il n'en sera que meilleur.

Pour 6 à 8 personnes

7 œufs   145 g de sucre complet

2 pincées de sel

1 cuillerée à soupe d'eau de fleur d'oranger

3 oranges non traitées

30 g de farine de riz blanc

80 g de flocons de riz

220 g de noisettes en poudre

Préchauffer le four à 200 °C (th. 7) • Séparer les blancs d'œufs des jaunes • Réserver les blancs dans un récipient à part • Incorporer 75 g de sucre aux jaunes d'œufs et battre jusqu'à obtenir un mélange mousseux et blanchi • Ajouter une pincée de sel, l'eau de fleur d'oranger ainsi que le zeste râpé de deux oranges puis le jus de ces deux oranges • Mélanger • Dans l'autre récipient, ajouter aux blancs d'œufs les 75 g de sucre restant ainsi qu'une autre pincée de sel et battre le tout jusqu'à obtention d'une neige bien ferme • Incorporer avec délicatesse les blancs en neige au mélange sucre et jaunes d'œufs • Ajouter la farine de riz, les flocons de riz et les noisettes en poudre puis mélanger doucement afin d'obtenir une pâte homogène • Verser dans un moule rond de 24 cm de diamètre auparavant recouvert de papier sulfurisé et mettre au four 30 à 40 minutes • Le gâteau est cuit quand la pointe d'un couteau ressort sans trace de pâte • Poser une feuille de papier sulfurisé sur le gâteau s'il brunit un peu trop vite • Sortir du four et laisser refroidir • Décorer de rondelles d'orange fraîche découpées dans l'orange restante.

Gâteau au chocolat

Pour qu'il reste bien moelleux et fondant, attention, ne le cuisez pas trop !

Pour 6 personnes :

300 g de chocolat

150 g de margarine végétale (attention, sans lait !) ou 80 g d'huile d'olive

110 g de sucre roux

5 œufs

15 g de fécule de pomme de terre ou farine de riz blanc

Préchauffer le four à 180 °C (th. 6) • Faire fondre au bain-marie le chocolat, la margarine et le sucre • Lorsque le mélange est homogène, le sortir du feu et ajouter un à un les jaunes d'œufs, puis la fécule • Monter les blancs en neige avec une pincée de sel et une pointe de sucre et les incorporer à la préparation • Verser dans un moule à manqué de 24 cm de diamètre et cuire 30 minutes au four.

Remarques

• On peut ajouter 125 g de noix de pécan à la préparation.

• Si vous préférez une saveur moins crémeuse et moins forte en chocolat, utilisez les proportions suivantes : 170 g de chocolat, 20 g d'huile d'olive, 6 œufs, 30 g de fécule de pomme de terre.

Gâteau aux abricots à l'anglaise

À mi-chemin entre une tarte et un gâteau,
vous pourrez le faire en toute saison avec des abricots au sirop.

Pâte pour 6 personnes

100 g de farine de sarrasin   50 g de farine de tapioca   20 g de sucre roux

1 pincée de sel   1 jaune d'œuf   1 cuillerée à soupe de lait d'amandes

100 g de margarine végétale (attention, sans lait !) ou 50 g d'huile

Abricots

750 g d'abricots frais   100 g de sucre

Crème

50 g de poudre d'amandes   15 g de farine de riz blanc   80 g de sucre roux

3 cuillerées à soupe d'huile   3 œufs + 1 blanc d'œuf

1 cuillerée à café d'arôme d'amande amère,
ou bien 1/2 cuillerée à café de cannelle en poudre

Préparer la pâte : mélanger les 2 farines, le sucre et le sel, le jaune d'œuf et remuer • Ajouter l'huile ou incorporer la margarine du bout des doigts • Ajouter le lait d'amandes et pétrir jusqu'à ce que la pâte forme une boule • Préchauffer le four à 190 °C (th. 6/7) • Préparer les abricots : faire bouillir un peu d'eau avec le sucre 2 minutes et y faire pocher les abricots dénoyautés et coupés en deux • Laisser refroidir • Étaler la pâte et en garnir le fond d'un moule à manqué de 24 cm de diamètre • Faire cuire à blanc 15 minutes • Pendant ce temps, préparer la crème : mélanger la poudre d'amandes, la farine de riz, le sucre, l'huile, l'arôme d'amande amère ou la cannelle, 2 œufs entiers plus 1 jaune • Battre en neige les deux blancs restants et les incorporer à la préparation • Quand la pâte commence à se colorer, la retirer du four et y disposer les abricots égouttés • Recouvrir avec la crème • Terminer la cuisson 15 minutes, jusqu'à ce que le gâteau soit bien doré • Saupoudrer de sucre glace. Attention, à choisir sans gluten !

Gâteau aux noix

Riche en arômes, vous le déclinerez dans les mêmes proportions avec des noisettes, des amandes ou encore un mélange des trois.

Pour 6 personnes

140 g de noix

90 g de sucre roux

3 œufs + 1 blanc

80 g d'huile

25 g de farine de sarrasin

35 g de fécule de pomme de terre

Préchauffer le four à 180 °C (th. 6) • Hacher grossièrement les noix, attention à ne pas les transformer en poudre • Séparer les blancs d'œufs des jaunes • Réserver les blancs dans un récipient à part • Fouetter le sucre et les jaunes d'œufs jusqu'à ce que le mélange blanchisse • Ajouter l'huile, les farines et les noix • Battre les blancs en neige ferme avec une pincée de sel et une pointe de sucre et les ajouter précautionneusement au mélange précédent • Verser le tout dans un moule à manqué de 24 cm de diamètre et faire cuire au four pendant 30 minutes • Donner un air de fête à ce gâteau en le servant avec une crème anglaise ou un sorbet • Un coulis de chocolat se mariera également très bien !

Gâteau aux pommes

Savez-vous que le sarrasin est aussi appelé blé noir ?
Pourtant il ne contient pas de gluten, étant de la même famille que l'oseille ou la rhubarbe.

Pour 8 à 10 personnes

70 g de farine de sarrasin

90 g de fécule de pomme de terre

110 g de sucre roux ou de sucre complet

1 sachet de sucre vanillé

1/2 cuillerée à café rase de bicarbonate de sodium

3 œufs   125 g de lait de coco

120 g d'huile   3 pommes

2 poignées d'amandes effilées

Faire chauffer le four à 180 °C (th. 6) • Mélanger les farines et les sucres avec le bicarbonate • Creuser un puits • Y casser les œufs et commencer à mélanger • Mouiller avec le lait de coco, puis avec l'huile • Bien mélanger le tout ; la pâte est assez liquide • Verser sur la plaque du four ou dans un grand moule d'environ 30 cm de diamètre • Disposer les pommes coupées en lamelles sur tout le gâteau en les superposant • Saupoudrer avec les amandes effilées • Cuire au four pendant 20 minutes.

Gâteau marbré

Le gâteau des enfants ! Pour plus d'originalité,
ajoutez à la pâte 20 g d'écorces d'oranges confites.

Pour 6 à 8 personnes

1 yaourt nature au soja (voir la recette page 50)

160 g de farine de riz blanc

100 g de sucre complet

1 pincée de sel

1/2 cuillerée à café de bicarbonate de sodium

50 g d'huile d'olive

3 œufs

1 cuillerée à café de vanille liquide

200 g de chocolat noir

1 pincée de poivre

Préchauffer le four à 180 °C (th. 6) • Verser dans un saladier tous les ingrédients sauf le chocolat et le poivre • Mélanger jusqu'à obtenir une pâte homogène • Diviser la pâte en deux parts égales et en réserver une • Faire fondre à feu doux le chocolat dans un peu d'eau et l'incorporer à une des parts • Ajouter la pincée de poivre et mélanger • Dans un moule à cake préalablement recouvert de papier sulfurisé, verser les deux pâtes en les alternant régulièrement pour créer le marbré • Cuire au four 40 minutes environ • La pointe du couteau doit ressortir sans trace de pâte.

Gâteau miel et gingembre

Un gâteau exotique aux saveurs douces et chaudes du gingembre,
du miel et de la noix de coco.

Pour 6 personnes

100 g de farine de riz blanc

20 g de farine de sarrasin

40 g de fécule de pomme de terre

40 g de farine de manioc

125 g de noix de coco en poudre

1/2 cuillerée à café de bicarbonate de sodium

1 pincée de sel

85 g de miel

3 œufs   50 g de gingembre confit

25 g d'écorces d'oranges confites

1 citron non traité   10 cl d'eau

Préchauffer le four à 210 °C (th. 7) • Mélanger dans un saladier les différentes farines, la noix de coco en poudre, le bicarbonate et le sel • Faire un puits au centre • Faire fondre le miel à feu doux, puis le verser dans un second saladier • Battre les œufs dans un bol à la fourchette et les ajouter au miel • Incorporer à ce mélange le gingembre confit et les écorces d'oranges coupés en petits dés, le zeste râpé et le jus du citron, ainsi que l'eau • Verser dans le puits du premier saladier et mélanger petit à petit • Verser le tout dans un moule à manqué de 24 cm de diamètre recouvert de papier sulfurisé et faire cuire au four 20 minutes • Attention ! Il ne faut surtout pas trop cuire ce gâteau qui sinon deviendrait sec.

Pain d'épices

Le « vrai » pain d'épices : de la farine, du miel et des épices.

Pour 8 personnes :

10 cl d'eau chaude 6 graines de cardamome entières

2 clous de girofle

250 g de farine de riz blanc

1 cuillerée à café d'anis vert en poudre

1/2 cuillerée à café de gingembre en poudre

1/4 de cuillerée à café de cannelle en poudre

1 pincée de muscade

4 tours de moulin de poivre noir

1/2 cuillerée à café de bicarbonate de sodium

1 pincée de sel 250 g de miel

Préchauffer le four à 160 °C (th. 5) • Piler les graines de cardamome et les clous de girofle • Réaliser une infusion avec l'eau et ces ingrédients pilés • Dans un saladier, verser tous les ingrédients secs ensemble : farine, épices en poudre, bicarbonate et sel • Fluidifier le miel en le chauffant doucement puis mélanger grossièrement le tout • Ajouter l'infusion bien chaude • Fouetter vigoureusement pour obtenir une pâte bien homogène • Laisser poser 5 minutes environ • Verser dans un moule à cake recouvert de papier sulfurisé et cuire 35 minutes au four • Il ne faut pas que ce pain soit trop cuit, sinon il serait sec : une pointe de couteau glissée dans le gâteau à la fin de la cuisson doit sortir légèrement humide.

Remarque

• Pour un goûter festif ou un buffet, vous pourrez le mettre au four dans de petits moules individuels en raccourcissant la cuisson de dix minutes.

Petit cake pour le goûter

Très bon lorsqu'il sort du four,
il change de saveur et de consistance avec le temps et reste délicieux.

Pour 8 personnes

100 g de fruits confits variés

1 bonne poignée de raisins secs

20 cl de thé   50 g de farine de sarrasin

50 g de farine de riz blanc

125 g de poudre d'amandes

1/2 cuillerée à café de bicarbonate de sodium

80 à 100 g de sucre roux

2 sachets de sucre vanillé

zeste râpé d'un citron non traité

4 œufs

100 g d'huile (de noisette si possible)

Faire tremper les fruits confits et les raisins secs au moins 1 heure à l'avance dans le thé • Préchauffer le four à 180 °C (th. 6) • Mélanger les farines, la poudre d'amandes, le bicarbonate, le sucre et le sucre vanillé • Ajouter le zeste râpé d'un citron • Ajouter les œufs un par un pour obtenir un mélange homogène • Ajouter l'huile puis les fruits confits avec le liquide de trempage • Verser dans un moule à cake recouvert de papier sulfurisé et cuire au four pendant environ 1 heure • Vérifier la cuisson en piquant avec la pointe d'un couteau qui doit ressortir sèche • Ce gâteau se conserve très bien plusieurs jours.

Variantes

• On peut remplacer les fruits confits par des raisins secs ou des pruneaux, trempés ou non dans l'alcool. Ce cake est aussi très bon nature, sans aucun fruit !

• Vous pouvez aussi le présenter en moules individuels. Réduire alors le temps de cuisson en conséquence (environ 30 minute).

Quatre-quarts au citron

Un quatre-quarts, oui, au citron, c'est encore mieux !

Pour 4 à 6 personnes

3 œufs

1 pincée de sel

100 g de sucre roux

110 g de margarine végétale (attention, sans lait !)

160 g de farine de riz blanc

Zeste râpé de 2 citrons non traités

Préchauffer le four à 180 °C (th. 6) • Travailler les œufs, le sel et le sucre jusqu'à ce que le mélange devienne légèrement mousseux • Faire fondre à feu doux la margarine en remuant souvent • Ajouter la margarine fondue au mélange sucre/œufs • Ajouter la farine • Bien mélanger • Incorporer le zeste râpé des 2 citrons préalablement lavés • Verser la pâte dans un moule à cake recouvert de papier sulfurisé et enfourner pendant 30 minutes • Le quatre-quarts est cuit quand la pointe du couteau ressort sèche.

Variantes

• L'ajout d'une demi-cuillerée à café de bicarbonate de sodium rend le quatre-quarts plus moelleux.
• Variante aux agrumes : incorporez à la pâte des tranches pelées à vif d'une orange et d'un petit pamplemousse. Résultat fraîcheur garanti !

Moelleux bananes et noisettes

Tendre à souhait, et ce petit goût de bananes qui incite à une autre part…

Pour 4 personnes

3 bananes mûres

80 à 100 g de sucre complet

1 pincée de sel

1 pincée de poivre

3 œufs

125 g de noisettes en poudre

3/4 de cuillerée à café de bicarbonate de sodium

50 g de fécule de pomme de terre

Préchauffer le four à 180 °C (th. 6) • Éplucher puis écraser les trois bananes dans un saladier à l'aide d'une fourchette • Ajouter le sucre, le sel et le poivre • Mélanger • Ajouter les œufs un à un en battant le mélange très vigoureusement à chaque fois • La pâte prend un aspect crémeux et moelleux • Incorporer les noisettes en poudre, le bicarbonate et la fécule de pomme de terre • Bien mélanger • Verser dans un moule à manqué d'environ 20 cm recouvert de papier sulfurisé • Mettre au four pendant 20 minutes environ • Ce gâteau se conserve très bien quelques jours.

Glaces & sorbets

Coupe Mousquetaire

Une recette onctueuse que vous pourrez déguster également non glacée,
comme crème aux pruneaux.

Glace pour 4 coupes

250 g de pruneaux dénoyautés

75 g de crème de soja liquide

1 yaourt de soja nature

1 g d'agar-agar

2 ou 3 blancs d'œufs

Présentation

Un peu d'armagnac ou de cognac (facultatif)

12 à 16 pruneaux non dénoyautés

Faire cuire tous les pruneaux (ceux de la glace comme ceux prévus pour la présentation) pendant 20 minutes dans une casserole en les couvrant d'eau • Réserver quelques pruneaux pour la présentation, ainsi que le jus de cuisson • Mettre les pruneaux restants, dénoyautés et égouttés, dans le mixeur ; en faire une fine purée • Ajouter la crème et le yaourt et mixer encore • Prélever un peu de ce mélange dans une casserole, y incorporer l'agar-agar, porter à ébullition quelques minutes et réintégrer dans la masse en mixant le tout • Battre les blancs en neige avec une pincée de sel et une pointe de sucre et les ajouter délicatement au mélange • Mettre simplement au congélateur pendant environ 4 heures • Il n'y a aucun besoin de sorbetière ! • Pour servir : mettre dans chaque coupe 2 boules de glace et 2 ou 3 pruneaux réservés • Pour les adultes, arroser avec l'alcool, et pour les enfants, utiliser le jus de cuisson des pruneaux.

Glace à la vanille

Un grand classique ! Pensez à varier les parfums :
il suffit d'utiliser d'autres crèmes (chocolat, caramel, noisette…)
ou même des yaourts au soja ou au riz aromatisés.

Pour 4 personnes

- 200 g de blancs d'œufs
- 150 g de sucre roux
- 500 g de crème de soja liquide à la vanille
- 2 sachets de sucre vanillé

Monter les blancs en neige bien ferme avec une pincée de sel et une pointe de sucre • Faire cuire le sucre avec un peu d'eau (environ 60 cl) au petit boulé, soit à 110°C environ (si vous n'avez pas de thermomètre à sucre, prélever un peu de sirop à l'aide d'une cuillère et le verser dans un bol rempli d'eau froide • S'il forme une boule, arrêter la cuisson) • Verser le sucre bouillant sur les blancs d'œufs sans cesser de battre • Battre jusqu'à refroidissement • Une fois la préparation refroidie, incorporer délicatement la crème à la vanille et ajouter les deux sachets de sucre vanillé • Verser dans un bac à glace et placer au congélateur pendant 4 heures au minimum • Pas besoin de sorbetière ! • Servir décoré de fruits à votre choix (framboises, poires, myrtilles sont du plus bel effet !).

Glace et sorbet au chocolat

Saviez-vous qu'une pincée de poivre renforce le goût du chocolat ?

Glace pour 2 personnes

80 g de chocolat noir   1 yaourt au soja nature

1 cuillerée à soupe de crème de soja liquide

1 pincée de sel   1 pincée de poivre   1 cuillerée à café de vanille liquide

1 blanc d'œuf   30 g de sucre roux

Sorbet pour 3 personnes

1/2 l d'eau   60 g de sucre roux   50 g de cacao non sucré

Glace • Faire fondre le chocolat à feu très doux avec 1 à 2 cuillerées à soupe d'eau • Dans un saladier, mélanger le yaourt, la crème de soja liquide, le sel, la vanille et le poivre • Y incorporer le chocolat fondu • Monter le blanc d'œuf en neige bien ferme avec le sucre et une pincée de sel • Le mélanger délicatement à la préparation chocolatée • Faire glacer dans une sorbetière • Si vous n'en avez pas, verser dans un bac à glace et mettre au congélateur au moins 4 heures en mélangeant toutes les 1/2 heures à l'aide d'une fourchette avant de déguster.

Sorbet • Dans une casserole, verser l'eau, le sucre et le cacao • Chauffer sur feu doux en remuant jusqu'à ce que tous les ingrédients aient bien fondu et que le mélange soit homogène • Laisser ensuite refroidir • Faire glacer dans une sorbetière • Si vous n'en avez pas, verser dans un bac à glace et mettre au congélateur au moins 4 heures en mélangeant toutes les 1/2 heures à l'aide d'une fourchette avant de déguster.

Glace napolitaine

Associant de manière subtile les saveurs d'amande et de chocolat,
elle est également à essayer non glacée.

Crème aux macarons pour 4 à 6 personness

20 cl de lait d'amandes   2 blancs d'œufs

1 g d'agar-agar   20 cl de crème de soja liquide

225 g de macarons pilés (attention, sans blé !)

Mousse au chocolat

160 g de chocolat noir amer   4 œufs

1 cuillerée à café de café soluble

Crème aux macarons • Porter à ébullition le lait d'amandes avec l'agar-agar pendant 2 minutes, puis laisser refroidir un peu • Pendant ce temps, mélanger la crème avec les macarons pilés • Battre les blancs d'œufs en neige très ferme • Mélanger la crème de macarons avec le lait refroidi et ajouter les blancs en neige • Verser la moitié de la préparation dans un moule à cake tapissé de film alimentaire et placer 30 minutes au congélateur • Pendant ce temps, préparer la mousse au chocolat.
Mousse au chocolat • Faire fondre le chocolat au bain-marie • Lorsqu'il est bien homogène, ajouter le café soluble, les jaunes d'œufs, puis les blancs battus en neige très ferme • Montage • Verser la mousse au chocolat sur la préparation sortie du congélateur • Répartir ensuite le reste de crème aux macarons par-dessus • Placer au congélateur 12 heures au moins • Pas besoin de sorbetière ! 2 heures avant de servir, placer la Napolitaine au réfrigérateur pour qu'elle soit moelleuse à la dégustation • Pour servir, démouler et décorer avec du cacao en poudre.

Remarque

• Faites très attention à l'achat des macarons, qu'ils soient bien sans gluten et sans lait. On peut aussi les faire soi-même. Pour cela, voir la recette page 26.

Sorbet à l'abricot

Un équilibre entre douceur et acidité…

Pour 3 personnes

350 g d'abricots secs

Jus d'1/2 citron

3 blancs d'œufs

1 pincée de sel

50 g de sucre complet

Mettre les abricots secs dans un saladier, les recouvrir entièrement d'eau et les laisser tremper au moins 2 heures • Les abricots se réhydratent ainsi et se regonflent légèrement • Mettre le tout dans une casserole et rajouter si nécessaire un peu d'eau afin de couvrir à nouveau les abricots • Porter à ébullition • Puis réduire à feu doux et laisser mijoter 25 à 30 minutes • Retirer du feu • Réserver 15 cl du jus de cuisson • Laisser un peu refroidir, puis mixer les abricots égouttés avec les 15 cl de jus de cuisson et le jus de citron, jusqu'à obtenir une purée d'abricots bien homogène • Laisser refroidir • Battre les blancs en neige très ferme avec la pincée de sel et une pincée de sucre, puis incorporer le sucre, toujours en battant • Au batteur ou à la main, incorporer ensuite la purée d'abricots • Verser dans un bac à glace et mettre au congélateur pendant au moins 4 heures • Pas besoin de sorbetière !

Variante

• Pour varier le goût de cette glace, on peut ajouter 20 cl de crème de soja liquide au moment d'incorporer la purée d'abricots aux blancs d'œufs.

Soufflé glacé au Cointreau

Changez les saveurs en variant les alcools !
Pour les enfants, remplacez ceux-ci par du jus de fruit.

Pour 4 personnes

4 jaunes d'œufs

2 blancs d'œufs

70 g de sucre roux

3 g d'agar-agar

12 cl de Cointreau

3 yaourts de soja nature

Battre les jaunes d'œufs avec la moitié du sucre et l'agar-agar pour que le mélange blanchisse et devienne crémeux • Placer ce mélange au bain-marie et battre jusqu'à ce que la crème épaississe • Sortir du bain-marie, ajouter le Cointreau et laisser refroidir • Mettre à rafraîchir au réfrigérateur • Battre les blancs d'œufs en neige, ajouter le reste du sucre • Incorporer à la crème refroidie • Ajouter les trois yaourts de soja • Verser dans des moules individuels et placer au congélateur pour au moins 4 heures • Pas besoin de sorbetière ! Avant de servir, penser à placer 1 à 2 heures à l'avance les soufflés au réfrigérateur : ils seront moelleux.

Soufflé glacé rhum/raisin • La recette est similaire, mais on fait préalablement tremper les raisins au moins une heure dans le rhum qu'on utilise ensuite pour la préparation.

Nougat glacé

Encore meilleur et plus léger que la version traditionnelle,
vous pourrez le préparer à l'avance et le garder au congélateur.

Pour 6 personnes

125 g de macédoine de fruits confits   Coulis de framboises

Nougatine

60 g de sucre   3,5 cl de crème de soja liquide

75 g d'amandes effilées

Meringue à l'italienne

4 blancs d'œufs   125 g de sucre   35 cl de crème de soja liquide

Préchauffer le four à 150°C (th. 5) • **Préparer la nougatine** • Porter à ébullition sur feu vif le sucre, la crème et 2 cl d'eau • Laisser bouillonner jusqu'à obtenir un caramel doré • Hors du feu, ajouter les amandes et mélanger avec une spatule • Étaler la préparation sur une feuille de papier sulfurisé • Poser une autre feuille dessus et aplatir le tout avec un rouleau à pâtisserie • Retirer le papier sulfurisé du dessus et cuire au four 10 minutes • Laisser refroidir et réduire en poudre dans un mixeur • **Préparer la meringue** • Monter les blancs d'œufs en neige ferme • Mettre le sucre et 6 cl d'eau à cuire à feu vif dans une casserole pour obtenir un sirop • Verser progressivement sur les blancs en continuant à battre • Placer 15 minutes au congélateur • Incorporer alors délicatement la crème de soja liquide à la meringue, puis la nougatine en poudre et les fruits confits • Verser dans un moule à cake tapissé de film alimentaire • Placer au congélateur au moins une nuit • Pas besoin de sorbetière ! Servir le nougat glacé accompagné du coulis de framboises.

Variante

• Cette recette est également délicieuse si l'on remplace le coulis de framboises par du coulis de mangues.

Remarque

• Pour préparer un coulis maison : prenez des fruits frais ou surgelés et mixez avec le tiers en poids de sucre. Selon les goûts, servez tel quel ou mettez-le à cuire une dizaine de minutes, en remuant souvent.

Jours de fêtes

Biscuit à la crème d'orange

Fondant et crémeux…

Biscuit pour 4 à 6 personnes

4 œufs | 80 g de sucre roux | 100 g de fécule de pomme de terre | 1 pincée de sel

1/3 de cuillerée à café de bicarbonate de sodium

Crème

1 orange non traitée | 450 g de lait de soja | 1 g d'agar-agar

5 jaunes d'œufs | 80 g de sucre roux

3 cuillerées à café de farine de riz blanc | 150 g de fruits confits

1 cuillerée à soupe de Grand Marnier ou d'eau de fleur d'oranger

Accompagnement

Coulis d'ananas

Biscuit • Préchauffer le four à 180 °C (th. 6) • Séparer les blancs d'œufs des jaunes • Réserver les blancs dans un récipient à part • Fouetter les jaunes d'œufs avec le sucre jusqu'à ce qu'ils blanchissent et doublent de volume • Battre les blancs en neige ferme avec le sel et une pincée de sucre • Les incorporer aux jaunes, puis rajouter délicatement la fécule et le bicarbonate • Verser sur la plaque du four préalablement recouverte d'une feuille de papier sulfurisé et cuire 10 minutes jusqu'à ce que le biscuit soit doré • Démouler et laisser en attente dans un linge humide • **Crème** • Rincer et sécher l'orange • Porter à ébullition le lait avec le zeste de l'orange finement râpé et l'agar-agar ; laisser bouillir 2 minutes • Pendant ce temps, fouetter les jaunes avec le sucre et la farine jusqu'à ce qu'ils moussent • Ajouter progressivement le lait • Faire chauffer le tout, sans laisser bouillir, en tournant avec une cuillère en bois jusqu'à ce que la crème épaississe et nappe la cuillère • Ajouter alors l'alcool ou l'eau de fleur d'oranger • **Montage** • Couper dans le biscuit plusieurs rectangles de la taille du moule à cake • Couvrir le fond du moule d'une couche de fruits confits et verser un peu de crème • Couvrir d'un rectangle de biscuit ; alterner ainsi crème, fruits confits et rectangles de biscuit en partageant la crème en parties égales • Terminer par un rectangle de biscuit • Placer 12 heures au réfrigérateur • Démouler et servir frais avec un coulis d'ananas.

Bûche blanche de Noël

Légère, elle achèvera un bon repas sur une touche citronnée.
Pratique, elle se prépare la veille.

Gâteau pour 4 à 6 personnes

4 œufs   120 g de sucre roux   1 citron non traité

150 g de poudre d'amandes   80 g de fécule de pomme de terre

Crème au citron

2 œufs   100 g de sucre roux   2 citrons non traités

30 g de margarine végétale (attention, sans lait !)

Glaçage   3 blancs d'œufs   200 g de sucre

Montage   35 cl d'eau   15 cl de Grand Marnier ou de jus d'orange

Écorces d'oranges ou de citrons confits pour le décor

Gâteau • Préchauffer le four à 140 °C (th. 4) • Séparer les blancs d'œufs des jaunes • Réserver les blancs dans un récipient à part • Fouetter dans un saladier les jaunes d'œufs avec le sucre jusqu'à ce que le mélange double de volume • Ajouter la poudre d'amandes, la fécule, le zeste râpé et le jus du citron • Incorporer les blancs d'œufs battus en neige avec une pincée de sel et une pointe de sucre • Faire cuire dans un moule à cake au four pendant 1 heure • **Crème au citron** • Sur feu très doux et tout en remuant, faire cuire jusqu'à épaississement les œufs, le sucre, le jus et le zeste râpé des citrons • Ajouter alors la margarine et laisser refroidir • **Glaçage** • Battre les blancs d'œufs en neige ferme avec une pincée de sel et une pointe de sucre • Dans une casserole, mettre le sucre avec 2 cuillerées à soupe d'eau • Porter à ébullition ; lorsque le sirop fait de grosses bulles, le verser sur les blancs en continuant de battre • Laisser refroidir en battant de temps en temps • **Montage** • Couper le gâteau en 3 ou 4 tranches dans l'épaisseur • Mélanger dans un bol les 35 cl d'eau et le Grand Marnier ou le jus d'orange • Avec un pinceau, enduire chaque tranche du mélange de liquides • Former la bûche en alternant tranches de gâteau et crème au citron • Recouvrir du glaçage et décorer avec les fruits confits taillés en étoile • Laisser sécher au moins 12 heures puis mettre au frais.

Bûche exotique

Un goût de fraîcheur grâce aux litchis, fruits de saison à Noël.
Une bonne idée pour clôturer en légèreté un repas copieux.

Roulé pour 4 à 6 personnes

6 œufs   40 g de sucre complet   2 pincées de sel

40 g de fécule de pomme de terre

Crème

2 yaourts de soja saveur abricot/goyave   2 cuillerées à café de crème de soja liquide

1 petite pincée de sel   1 cuillerée à café de vanille liquide   10 litchis frais

Décor

Sucre glace (attention, à choisir sans gluten !)   Décorations de Noël

Roulé • Préchauffer le four à 180 °C (th. 6) • Recouvrir la plaque du four d'une feuille de papier sulfurisé • Séparer les blancs d'œufs des jaunes • Réserver les blancs dans un récipient à part • Fouetter les jaunes d'œufs avec le sucre jusqu'à ce qu'ils blanchissent et doublent de volume • Battre les blancs en neige ferme avec le sel et une pincée de sucre • Les incorporer aux jaunes, puis rajouter délicatement la fécule • Verser sur la plaque et cuire 10 à 12 minutes jusqu'à ce que le biscuit soit doré • Démouler et laisser en attente dans un linge humide • **Crème** • Mélanger les yaourts, la crème, le sel et la vanille • Éplucher les litchis, les couper en petits morceaux et les ajouter à la crème • Mélanger le tout • Si nécessaire, réserver au réfrigérateur • **Montage** • Juste avant de servir : ôter le torchon du gâteau roulé • Verser la crème en la répartissant sur toute la surface sans oublier les bords • Rouler doucement le gâteau sur lui-même et le disposer sur un plat • Saupoudrer de sucre glace et disposer des décorations de Noël • Servir.

Remarque

Il est préférable de servir la bûche peu après avoir versé la crème à l'intérieur. Le temps de finition est minime et c'est bien meilleur !
En effet, si on la réserve déjà prête au réfrigérateur, le biscuit a tendance à absorber la crème avant les convives…

Truffes de Noël

Interdit de chocolatier ?
Faites-vous plaisir, faites-les vous-même !

Pour une vingtaine de truffes

200 g de chocolat noir

20 g de margarine végétale (attention, sans lait !)

1 cuillerée à soupe rase de crème de soja liquide

Cacao en poudre non sucré

Casser la tablette de chocolat en carrés simples et les mettre dans une casserole avec la margarine et la crème de soja • Faire fondre à feu très doux, en remuant constamment jusqu'à l'obtention d'un mélange homogène • Sortir immédiatement du feu • Verser dans une assiette à soupe • Laisser refroidir, puis mettre à durcir au réfrigérateur pendant 6 heures au minimum • Le lendemain : rouler les truffes ! • Verser sur une assiette du cacao en poudre non sucré • Avec une petite cuillère, prélever un peu de pâte de truffe d'une assiette, puis avec les doigts la rouler jusqu'à former une petite boule • La rouler ensuite dans le chocolat en poudre • Disposer les truffes sur une belle assiette, dans un petit panier, ou encore dans une coupe décorée à votre guise • Les truffes peuvent se conserver 2 à 3 semaines au réfrigérateur, dans une boîte hermétique.

Variantes

• Beaucoup de parfums s'accordent aux truffes. Vous pouvez même faire un assortiment en divisant la pâte à la sortie du feu en autant de parts que de parfums. Ajoutez alors directement les parfums en mélangeant bien. Nos préférés : Café : deux cuillerées à soupe de café très fort pour 200 g de chocolat. Écorces d'oranges confites émincées très finement. Coco : quelques cuillerées à soupe de noix de coco râpée, avec éventuellement deux cuillerées à soupe de rhum. Verveine : préparez une infusion très corsée de verveine du jardin, et ajoutez-en quelques cuillerées à soupe à la pâte. C'est délicieux, et bien plus subtil que chocolat-menthe. Huiles essentielles : nous adorons mandarine ! Attention, une goutte suffit.

Galette des rois

*On retrouve ici la galette briochée aux fruits confits traditionnelle
du sud de la France, aussi appelée Limoux.*

Pour 6 personnes

400 g de farine de riz blanc

190 g de sucre complet

3 cuillerées à café de levure sèche de boulanger

12 cl d'eau tiède   30 g de farine de quinoa

70 g de farine de manioc   sel

2 cuillerées à soupe de lait de soja

1 cuillerée à soupe d'eau de fleur d'oranger

1 cuillerée à soupe de rhum   4 œufs

190 g de margarine végétale (attention, sans lait !)

160 g de fruits confits   1 fève !

Préparer le levain • dans un petit saladier, verser 100 g de farine de riz, 20 g de sucre et la levure de boulanger • Ajouter l'eau tiède • Mélanger • Laisser lever près d'une source de chaleur douce : le levain doit doubler de volume • Pendant ce temps, dans un grand saladier, mélanger 300 g de farine de riz, la farine de quinoa, la farine de manioc, 170 g de sucre, le sel, le lait de soja, l'eau de fleur d'oranger et le rhum • Ajouter les œufs, l'un après l'autre, en mélangeant bien entre chaque œuf • Bien pétrir la pâte : elle devient collante et très lisse • Ajouter la margarine, pétrir : la pâte devient souple • Ajouter les fruits confits et la fève • Incorporer à cette pâte le levain • Pétrir à nouveau • Laisser lever la pâte dans un endroit chaud pendant 2 à 3 heures ; elle double de volume • Réserver la pâte au réfrigérateur toute la nuit • Le lendemain, sur une feuille de papier sulfurisé disposée sur une plaque allant au four, former une couronne avec la pâte • La laisser lever de nouveau (1/2 heure) • Cuire au four à 190 °C (th. 6/7) pendant 20 à 30 minutes • Déguster tiède ou froid, nature ou accompagné d'une crème anglaise.

Gâteau de Pâques au chocolat

Parsemé de copeaux de chocolats, il fera le bonheur des petits et des grands.

Fondant pour 6 à 8 personnes

200 g de chocolat noir

120 g de margarine végétale (attention, sans lait !) ou 60 g d'huile

4 œufs   50 g de sucre roux   15 g de fécule de pomme de terre

Crème

300 g de chocolat noir   40 cl de lait de coco

3 pincées de poivre   3 jaunes d'œufs   2 blancs d'œufs

Fond

100 g de meringue (soit une grosse meringue)   60 g d'amandes en poudre

3 cuillerées à soupe de jus d'orange

Quelques cuillerées de cacao et des copeaux de chocolat (facultatif)

Fondant • Préchauffer le four à 150 °C (th. 5) • Faire fondre le chocolat et la margarine au bain-marie • Séparer les blancs d'œufs des jaunes • Réserver les blancs dans un récipient à part • Fouetter les jaunes d'œufs avec le sucre jusqu'à ce qu'ils blanchissent et doublent de volume • Ajouter la fécule et battre à nouveau • Incorporer le chocolat fondu, puis délicatement les blancs d'œufs battus en neige ferme • Verser le tout dans un moule à gâteau et cuire 30 minutes au four • Démouler et laisser refroidir.

Crème • Faire fondre le chocolat au bain-marie avec le lait de coco et le poivre • Bien remuer jusqu'à obtenir un mélange homogène • Hors du feu, ajouter les jaunes d'œufs et bien mélanger à nouveau • Puis incorporer les blancs en neige.

Suite page suivante

Montage final • Briser la meringue en petits morceaux • Les répartir au fond du moule à gâteau utilisé précédemment tapissé de papier sulfurisé, et les saupoudrer des amandes en poudre • Verser dessus 1/4 de la crème • Mettre le tout 1/2 heure au moins au réfrigérateur • Réserver le reste de crème au frais également • Démouler alors la crème sur le plat de service en soulevant le papier sulfurisé pour la sortir du moule • Couper le fondant en deux dans le sens de l'épaisseur et placer la première moitié au-dessus de la couche de crème • Imbiber ce demi-fondant d'un mélange d'eau et de jus d'orange • Tartiner d'un quart de la crème • Poser ensuite l'autre demi-fondant, l'imbiber également • Enduire l'ensemble du gâteau du reste de crème, sans oublier les côtés • Saupoudrer de cacao et de copeaux de chocolat (facultatif) • Garder au frais pendant 1/2 heure au moins avant de servir.

Tartes

Les pâtes à tarte

Ce chapitre traite des tartes : celles de tous les jours, faciles et qui s'adaptent à tous les fruits au long des saisons et puis celles plus festives qui donnent le ton pour les repas entre amis et les occasions de fêtes.

Nous avons volontairement choisi de vous livrer un grand nombre de pâtes différentes. Nous voulons d'abord vous montrer qu'en associant différentes farines, il est possible de réussir des fonds de tarte variés, dont les goûts mettent en valeur les fruits choisis. Il s'agit ensuite de vous offrir le maximum de possibilités et ainsi ouvrir la porte de votre propre créativité.

On verra par exemple que la farine de quinoa permet de faire ressortir tout particulièrement le goût des poires ainsi que celui des mûres. Et la farine de châtaigne convient parfaitement à la tarte aux pommes. Elle met aussi en avant le goût de l'orange et du chocolat.

Parmi toutes les pâtes à tarte possibles, il en est cinq que nous affectionnons particulièrement et qui sont devenues nos pâtes de base, pratiquement incontournables. Elles se marient tout aussi bien avec des recettes sucrées que salées (pensez à enlever le sucre des ingrédients). Ce sont :

La pâte 100 % riz complet
La plus simple ; farine unique, rapide à faire, s'étalant bien à la main ou au rouleau, moelleuse et croustillante à la fois.

La « riz/manioc »
Facile, qui marche bien, tant associée à du sucré que du salé. Elle s'étale à la main sur le fond déjà préparé. La cuisson est juste un peu plus délicate car trop cuite, elle devient très craquante, voire dure.

La « pâte brisée »
Variante de la pâte « riz/manioc » avec l'addition d'un œuf, qui en fait une pâte brisée facilement réussie et qui s'étale à merveille. Celle-ci est vite devenue une de nos pâtes préférées car elle possède un petit croquant intéressant, qui s'additionne aux avantages de la pâte « riz/manioc ».

La « sarrasin/riz/châtaigne »
Son côté rustique, légèrement sucré de par la présence de la farine de châtaigne, se marie à la perfection avec les fruits seuls, sans présence de flan ou de crème.

La « châtaigne/manioc/fécule de pomme de terre »
Qui est une magnifique pâte sablée. Elle s'emploie comme les pâtes sablées traditionnelles et est parfaite pour les tartes fourrées, les tartes aux cerises ou aux pommes...

Ces pâtes à tarte sont une bonne base pour réussir toutes les tartes de vos envies. Nous indiquons à la suite de ces pâtes certaines recettes de tartes qui nous semblent vraiment savoureuses, avec pour chacune une pâte qui la met particulièrement bien en valeur.

Nous ne nous sommes toutefois pas tenus à ces pâtes de base pour toutes les tartes, de façon à harmoniser du mieux possible les goûts et les textures. Les associations sont infinies...

S'il vous manque un ingrédient pour réaliser une pâte, vous pouvez sans complexe revenir à une de nos pâtes de base. N'hésitez pas à toutes les essayer, à les interchanger, pour déterminer vos associations préférées !

Cependant, pour toutes ces pâtes, un petit coup de main est à prendre :
Pour leur réalisation, il est nécessaire de procéder pratiquement comme avec une pâte

à tarte traditionnelle, à la différence près qu'il faut généralement un peu plus d'eau. Le résultat final doit toujours être une boule de pâte, plutôt souple, qui ne s'émiette pas. N'hésitez donc pas à ajouter (toujours peu à peu) de l'eau en quantité suffisante pour que la pâte devienne bien souple et homogène, tout en pétrissant. Parfois, une cuillerée à café d'eau en plus fait la différence !

Pour les étaler facilement dans leur moule, nous vous proposons deux petites techniques maison :
Prendre la forme du moule avec du papier sulfurisé. Le ressortir du moule et étaler la pâte dessus à la main (avec la paume), ou en farinant à la farine de riz un rouleau à pâtisserie (qui bien sûr ne sera pas imprégné de farine de blé, ni de beurre). Prendre les rebords du papier et installer le tout dans le moule. Finir les bordures à la main.

Ou bien écraser la pâte directement dans le moule auparavant fariné (farine de riz). On peut utiliser un verre cylindrique pour étaler la pâte saupoudrée de farine, comme on le ferait avec un rouleau à pâtisserie, ou bien avec ses doigts.

Pâte à tarte 100 % riz complet

Pour un moule de 24 cm de diamètre

250 g de farine de riz complet

10 g de sucre roux

1 pincée de sel

2 cuillerées à soupe d'huile d'olive

environ 15 cl d'eau

Dans un saladier, verser la farine de riz complet, le sucre, le sel et l'huile d'olive • Ajouter un demi-verre d'eau, pétrir la pâte • Continuer à pétrir en versant peu à peu l'eau restante : s'arrêter lorsque la pâte forme une belle boule souple, ni trop humide, ni trop sèche • Il ne faut pas hésiter à pétrir longtemps • L'étaler ensuite dans un moule à tarte recouvert de papier sulfurisé, soit à la main, soit en se servant d'un rouleau de pâtisserie enduit de farine de riz complet.

Pâte à tarte riz/manioc

Pour un moule de 24 cm de diamètre

150 g de farine de riz blanc

75 g de farine de manioc

10 g de sucre complet

1 pincée de sel

2 cuillerées à soupe d'huile d'olive

environ 15 cl d'eau

Dans un saladier, verser les farines, le sucre, le sel et l'huile d'olive • Ajouter un demi-verre d'eau, pétrir la pâte • Continuer à pétrir en versant peu à peu l'eau restante : s'arrêter lorsque la pâte forme une belle boule souple, ni trop humide, ni trop sèche. Il ne faut pas hésiter à pétrir longtemps • L'étaler ensuite dans un moule à tarte recouvert de papier sulfurisé.

Pâte à tarte brisée

Pour un moule de 24 cm de diamètre

150 g de farine de riz blanc

100 g de farine de manioc

1 pincée de sel

1 œuf

2 cuillerées à soupe d'huile d'olive

12 cl d'eau environ

Mélanger les 2 farines et le sel • Ajouter l'huile d'olive et mélanger • Ajouter l'œuf et mélanger • Ajouter peu à peu l'eau et en pétrissant jusqu'à ce que la pâte forme une boule • L'étaler ensuite dans un moule à tarte recouvert de papier sulfurisé.

Pâte à tarte sarrasin/riz/châtaigne

Pour un moule de 24 cm de diamètre

80 g de farine de sarrasin

80 g de farine de châtaigne

40 g de farine de riz blanc

1 pincée de sel

65 g d'huile d'olive

environ 10 cl de lait de soja

Dans un saladier, verser les farines, le sel et l'huile d'olive • Mélanger • Ajouter le lait de soja, pétrir la pâte jusqu'à obtenir une boule de pâte souple • L'étaler ensuite dans un moule à tarte recouvert de papier sulfurisé.

Pâte à tarte sablée

Pour un moule de 24 cm de diamètre

25 g de farine de châtaigne (ou de sarrasin)

110 g de farine de manioc

90 g de fécule de pomme de terre

1 pincée de sel

35 g de sucre complet

85 g de margarine végétale (attention, sans lait !)

environ 5 cl d'eau

Mélanger la farine de châtaigne, la farine de manioc, la fécule et le sel • Ajouter le sucre et mélanger • Ajouter la margarine coupée en petits morceaux et mélanger du bout des doigts. La pâte devient sableuse • Ajouter l'eau et pétrir la pâte de façon à obtenir une boule homogène • L'étaler ensuite dans un moule à tarte recouvert de papier sulfurisé.

Tarte africaine

Une touche exotique pour cette tarte !

Pour 6 personnes

1 Pâte 100 % riz complet

Garniture

80 g de noix de coco râpée

60 g de sucre complet   2 œufs

10 cl de lait de soja   3 ou 4 bananes

Sirop

4 cuillerées à soupe de sucre complet

1 citron   10 cl de rhum

Préchauffer le four à 180 °C (th. 6) • Préparer la pâte à tarte d'après la recette page 125 • L'étaler dans un plat à tarte de 24 cm de diamètre préalablement recouvert de papier sulfurisé, la piquer à l'aide d'une fourchette • Préparer la crème à la noix de coco : mélanger la noix de coco et le sucre dans un saladier • Ajouter les œufs puis le lait de soja • Verser le tout sur la pâte et cuire au four pendant environ 30 minutes • Pendant ce temps, éplucher et couper les bananes en rondelles • Les arroser avec le jus de citron pour éviter qu'elles ne noircissent • Disposer les bananes sur la tarte cuite • Faire un sirop avec le sucre, le jus de citron des bananes et le rhum • Laisser l'alcool s'évaporer et le mélange s'épaissir, puis en napper les bananes.

Variantes

• Remplacez les bananes par des mangues.
• On peut préférer faire des barquettes individuelles, comme sur la photo.

Tarte au citron meringuée

Un grand classique, encore plus léger par son fond de tarte en génoise.

Génoise pour 6 personnes

4 œufs · 80 g de sucre roux · 2 pincées de sel · 60 g de fécule de pomme de terre

Crème

25 cl de lait de soja · 1 gousse de vanille · 3 jaunes d'œufs · 30 g de sucre roux

30 g de fécule de pomme de terre · 2 citrons non traités

Meringue

3 blancs d'œufs · 100 g de sucre roux

Génoise • Préchauffer le four à 180 °C (th. 6) • Séparer les blancs d'œufs des jaunes • Ajouter le sucre aux jaunes et les battre jusqu'à ce que le mélange blanchisse • Monter les blancs en neige ferme, avec une pincée de sucre et deux pincées de sel • Incorporer délicatement les blancs en neige au mélange précédent • Ajouter en pluie la fécule préalablement tamisée • Travailler doucement • Il ne doit pas rester de grumeaux • Étaler la préparation dans un moule à tarte de 24 cm de diamètre, couvert de papier sulfurisé • Cuire au four pendant 10 à 12 minutes, jusqu'à ce que la génoise soit dorée • Lorsque la génoise est cuite, la démouler immédiatement et l'envelopper dans un torchon humide • **Crème** • Faire bouillir le lait et la gousse de vanille fendue dans sa longueur • Dans un saladier, travailler les jaunes d'œufs avec le sucre et la fécule • Verser peu à peu le lait bouillant, après avoir retiré la gousse de vanille • Transvaser le mélange dans la casserole • Le faire épaissir sur feu doux sans cesser de tourner avec une cuillerée en bois • Ajouter le zeste râpé et le jus des deux citrons • Laisser refroidir • **Meringue** • Verser dans une casserole le sucre et 3 cuillerées à soupe d'eau • Faire cuire au petit boulé, soit à 110 °C environ (si vous n'avez pas de thermomètre à sucre, prélever un peu de sirop à l'aide d'une cuillère et le verser dans un bol rempli d'eau froide • S'il forme une boule, arrêter la cuisson) • Battre les blancs en neige ferme avec une pincée de sel et une pointe de sucre • Verser le sirop très chaud en filet sur les blancs en continuant à battre • Prélever la moitié de la meringue et l'incorporer délicatement à la crème au citron • Garnir la génoise de cette préparation • Recouvrir la crème du reste de meringue • L'étaler à l'aide de la spatule en formant de larges dessins • Passer la tarte sous le grill du four jusqu'à ce que la meringue soit légèrement dorée.

Tarte au pamplemousse

*Une petite merveille qui doit son succès au contraste d'une crème douce
et de tranches de pamplemousses fraîches et juteuses.*

Pour 6 personnes

1 Pâte à tarte riz/manioc

Garniture

6 jaunes d'œufs

60 g de sucre roux

12 g de fécule de pomme de terre

1 petite pincée de sel

30 cl de jus de pamplemousse pur (soit le jus de 2 pamplemousses)

2 pamplemousses (1 blanc + 1 rose si possible)

Préchauffer le four à 180 °C (th. 6) • Préparer la pâte à tarte d'après la recette page 126 • Étaler la pâte dans un plat à tarte préalablement recouvert de papier sulfurisé, la piquer à l'aide d'une fourchette • Cuire au four pendant 30 minutes • Pendant ce temps, préparer la crème : battre les jaunes d'œufs avec le sucre jusqu'à ce que le mélange blanchisse • Y ajouter la cuillerée de fécule et le sel, battre, puis y verser le jus de pamplemousse • Transvaser le tout dans une casserole et faire épaissir à feu doux • Aux premiers bouillons, arrêter la cuisson • Laisser refroidir en mélangeant de temps en temps pour éviter la formation d'une peau • Verser la crème sur la pâte cuite • Éplucher les pamplemousses et peler les quartiers à vif, en essayant de ne pas les abîmer • Juste avant de servir, disposer les quartiers de pamplemousses sur la tarte.

Tarte aux pommes de Grand-mère

Délicieuse en toute saison, avec tout type de fruit !

Pour 6 personnes

1 Pâte 100 % riz complet

Garniture

3 pommes acidulées

3 jaunes d'œufs

1 œuf entier

30 g de sucre roux

20 cl de lait de coco

Préchauffer le four à 210 °C (th. 7) • Préparer la pâte à tarte d'après la recette page 125 • L'étaler dans un moule à tarte de 24 cm de diamètre préalablement recouvert de papier sulfurisé, la piquer à l'aide d'une fourchette • Éplucher et évider les pommes, puis les couper horizontalement en tranches d'environ 1 cm d'épaisseur • Disposer les tranches sur le fond de tarte • Mélanger les jaunes d'œufs, l'œuf entier, le sucre et le lait de coco dans un saladier • Verser le mélange sur les pommes • Faire cuire au four pendant 30 minutes • Déguster froid.

Variantes

• Vous pouvez préparer cette tarte avec des poires, de la rhubarbe et en été avec des abricots. Vous pouvez aussi utiliser du sucre complet, qui ajoutera une note réglissée.

Tarte choco-poire

Succès assuré avec cette tarte, qui se décline aussi avec des bananes ou des oranges !

Pâte pour 8 personnes

40 g de farine de quinoa

100 g de farine de riz blanc

100 g de margarine végétale (attention, sans lait !) ou 3 cuillerées à soupe d'huile

80 g de farine de châtaigne   60 g de farine de manioc

Garniture

140 g de chocolat noir amer

1 boîte 4/4 de poires au sirop léger

2 œufs   200 g de lait de coco   100 g de lait de soja

50 g de crème de soja liquide

70 g de sucre

Préchauffer le four à 180 °C (th. 6) • Mélanger tous les ingrédients de la pâte à tarte et malaxer jusqu'à obtenir une pâte souple • L'étaler dans un moule à tarte de 28 cm de diamètre préalablement recouvert de papier sulfurisé, la piquer à l'aide d'une fourchette • Faire fondre le chocolat au bain-marie et le répartir sur le fond de tarte • Égoutter les poires, les trancher en fines lamelles sans aller jusqu'au bout de la poire, de façon à ce que les lamelles restent solidaires •

Poser les quartiers sur le fond de tarte en appuyant légèrement de façon à ce que les lamelles s'ouvrent en éventail • Dans un saladier, battre les œufs avec les laits et la crème • Verser cette préparation sur la tarte • Faire cuire environ 40 minutes • Sortir la tarte du four et la saupoudrer du sucre • Allumer le grill du four • Remettre la tarte sous le grill, en la surveillant • Elle est prête lorsqu'une croûte caramélisée s'est formée • Démouler et déguster tiède.

Tartelettes au chocolat

Une pâte très originale à base d'amandes qui s'accorde à merveille avec le chocolat !

Pâte pour 12 tartelettes

125 g d'amandes en poudre

60 g de sucre roux   1 pincée de sel   2 blancs d'œufs

Quelques gouttes de vanille liquide

Garniture

100 g de chocolat noir   20 g de margarine végétale (attention, sans lait !)

1 cuillerée à soupe de crème de coco

Glaçage

Chocolat noir

Préchauffer le four à 210 °C (th. 7) • Mélanger les amandes en poudre avec le sucre et le sel • Ajouter les blancs d'œufs et travailler avec une cuillère en bois quelques minutes • Rajouter quelques gouttes de vanille • Sur la plaque du four recouverte de papier sulfurisé, déposer avec une cuillère douze tas de pâte assez espacés • Pour chacun, aplatir le centre avec le dos d'une cuillère, de manière à faire un creux à fond plat au centre et des petits rebords sur les côtés • Faire cuire au four 8 minutes • Laisser refroidir • Pendant ce temps, faire fondre le chocolat avec un peu d'eau à feu très doux, puis immédiatement, hors du feu, incorporer la margarine et la crème de coco • Bien mélanger, puis déposer sur le fond des tartelettes (une bonne cuillerée à café dans chacune) • Laisser refroidir • Pour le glaçage, faire fondre le chocolat à feu doux avec un peu d'eau puis en napper rapidement les tartelettes.

Conseil

• Napper seulement la moitié de chaque tartelette : cela permet de satisfaire plus de gourmands et rend la présentation très esthétique !

Tarte Tatin

Une incontournable qui séduit petits et grands !

Pour 6 personnes

1 Pâte à tarte sarrasin/riz/châtaigne

Garniture

1 kg de pommes, de préférence des granny smith ou des rainettes

100 g de sucre en poudre   quelques pincées de cannelle

50 g de margarine végétale (attention, sans lait !)
ou 2 cuillerées à soupe d'huile de noisette

Zeste râpé d'1 citron non traité (facultatif)

Éplucher et évider les pommes ; les couper en quatre • Saupoudrer le fond d'un moule de 24 cm de diamètre avec le sucre et la margarine en morceaux, ou l'huile • Ajouter le zeste râpé et la cannelle • Disposer les quartiers de pommes par-dessus • La couche doit être épaisse • Placer le moule ainsi chargé sur la plaque de cuisson et faire chauffer doucement jusqu'à ce que cela caramélise • Cela prend environ 20 minutes • Pendant ce temps, préparer la pâte à tarte d'après la recette page 127 • Étaler la pâte et la placer sur les pommes • On peut s'aider d'un rouleau à pâtisserie sur lequel on enroule la pâte pour l'abaisser sur les pommes, afin d'éviter que la pâte ne se défasse • Mettre au four préchauffé à 200 °C (th. 6/7) pendant environ 30 minutes • La pâte ne doit pas être trop dorée • Sortir du four et démouler tout de suite en retournant la tarte sur le plat • À servir seule ou accompagnée, au choix, d'un filet de crème de soja liquide, d'une boule de glace (à la vanille, par exemple) ou d'une crème anglaise.

Variante

• Cette tarte peut également se préparer avec des abricots, ou encore avec des pêches.

Index par ingrédients

Aux éditions La Plage :

• *Desserts et pains sans gluten*

Valérie Cupillard, photographies Philippe Barret

Un beau livre pour se faire plaisir aussi avec les yeux. Toutes les recettes sont sans lait et sans gluten.

Relié cartonné - 144 pages - 25,00 euros - 22 x 28 cm

• *Sans gluten, naturellement*

Valérie Cupillard - Préface du docteur Jean Seignalet

Des solutions naturelles, sans lait et sans gluten, pour des plats sucrés ou salés.

128 pages - 11 euros - 14 x 21 cm

• *Tofu et soja*

Hu Shao Bei, photographies Philippe Barret

Une centaine de recettes, occidentales ou asiatiques, sans lait ni gluten, pour apprivoiser le soja sous toutes ses formes.

120 pages - 19,50 euros - 22 x 25,5 cm

• *Sans lait et sans œufs*

Valérie Cupillard

Flans, crèmes, desserts, «mayonnaises»... tout est possible sans œufs ni lait !

160 pages - 13,00 euros - 14 x 21 cm